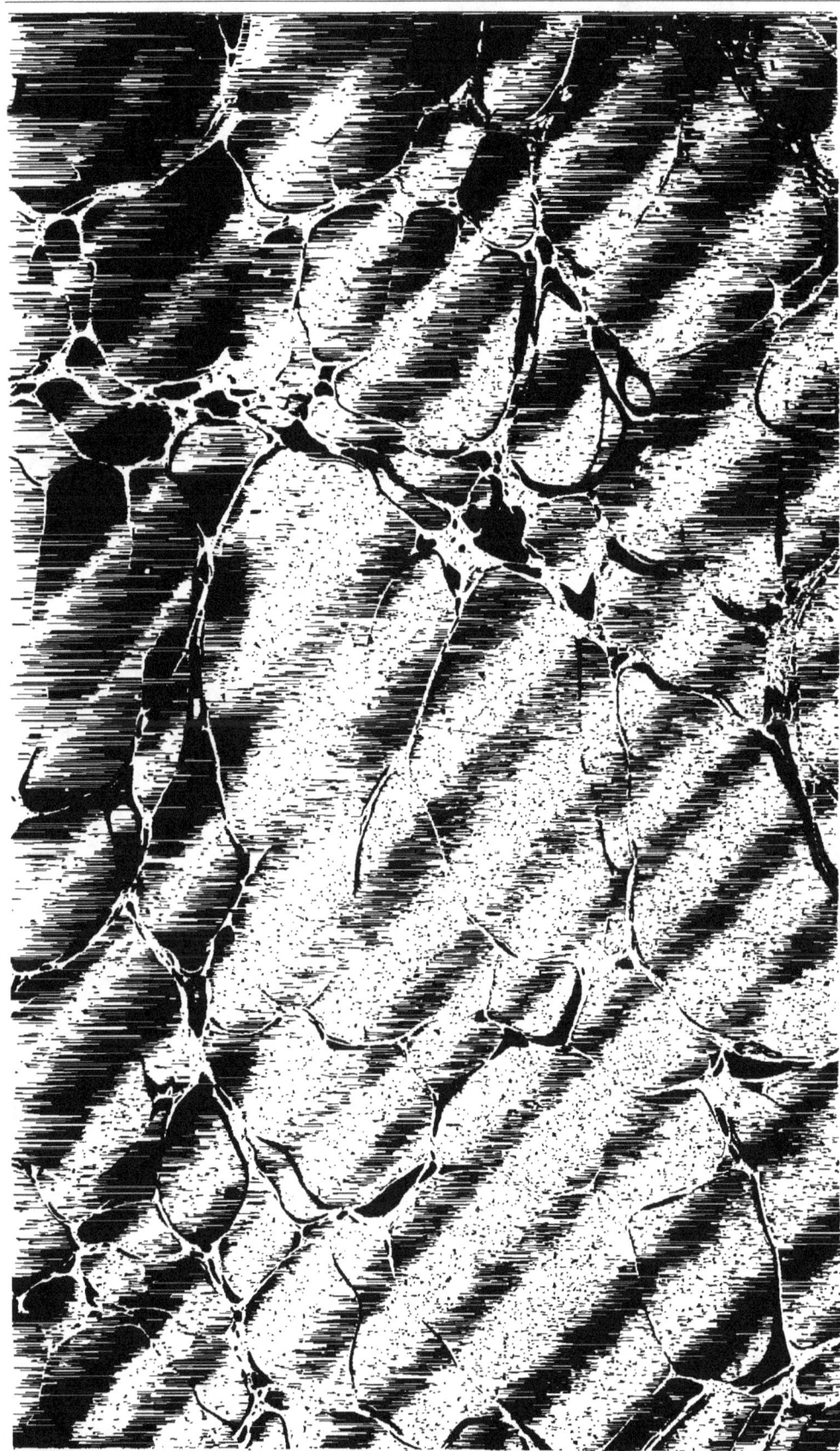

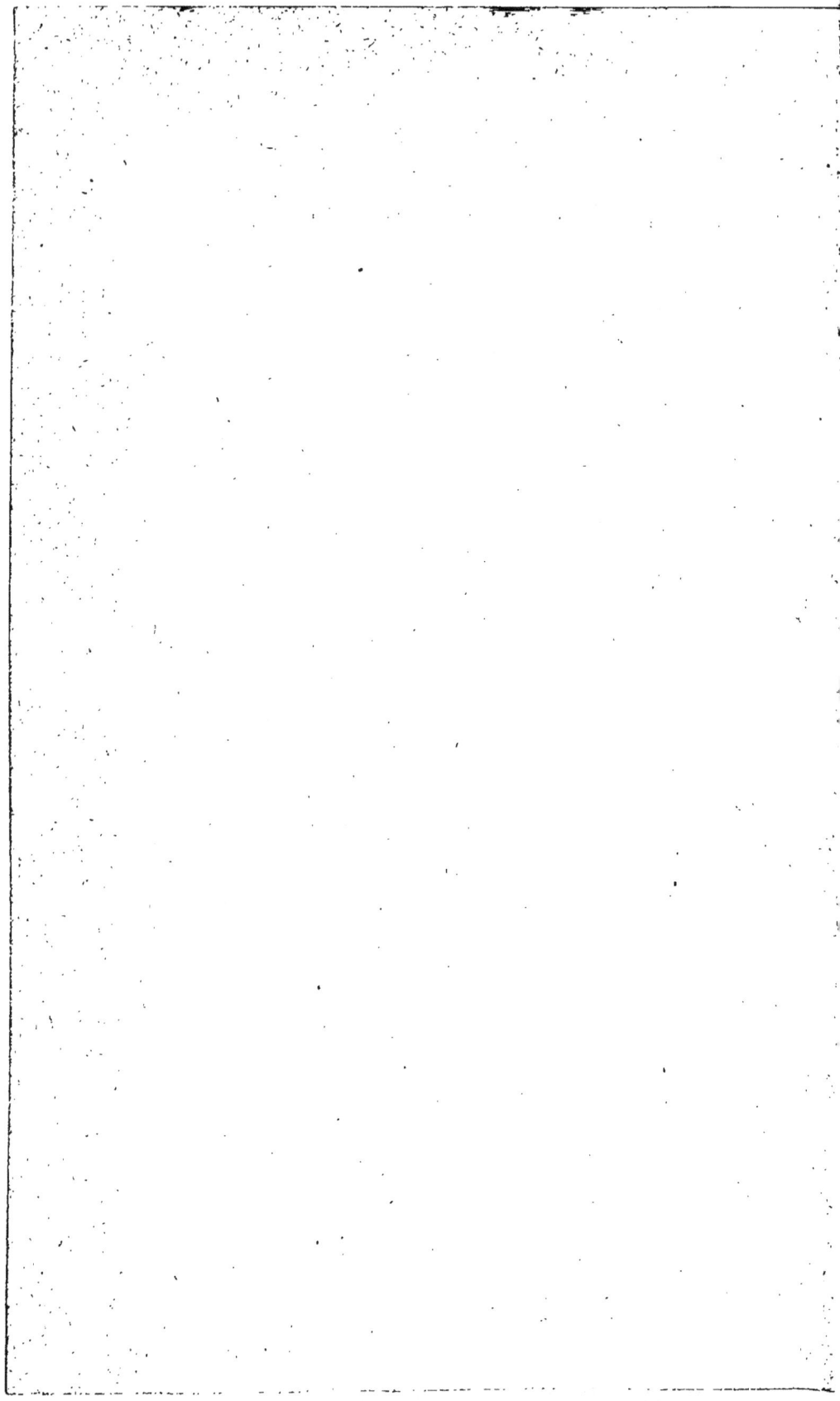

VILLE DE PARIS

SEPTEMBRE 1870 — FÉVRIER 1871

LE

VIIIᵉ ARRONDISSEMENT

ET

SON ADMINISTRATION

PENDANT LE SIÉGE DE PARIS

PAR

M. E. DENORMANDIE

Ancien adjoint au maire du viiiᵉ arrondissement,
Député de la Seine.

PARIS

GARNIER FRÈRES, LIBRAIRES-EDITEURS

6, RUE DES SAINTS-PÈRES, 6

1875

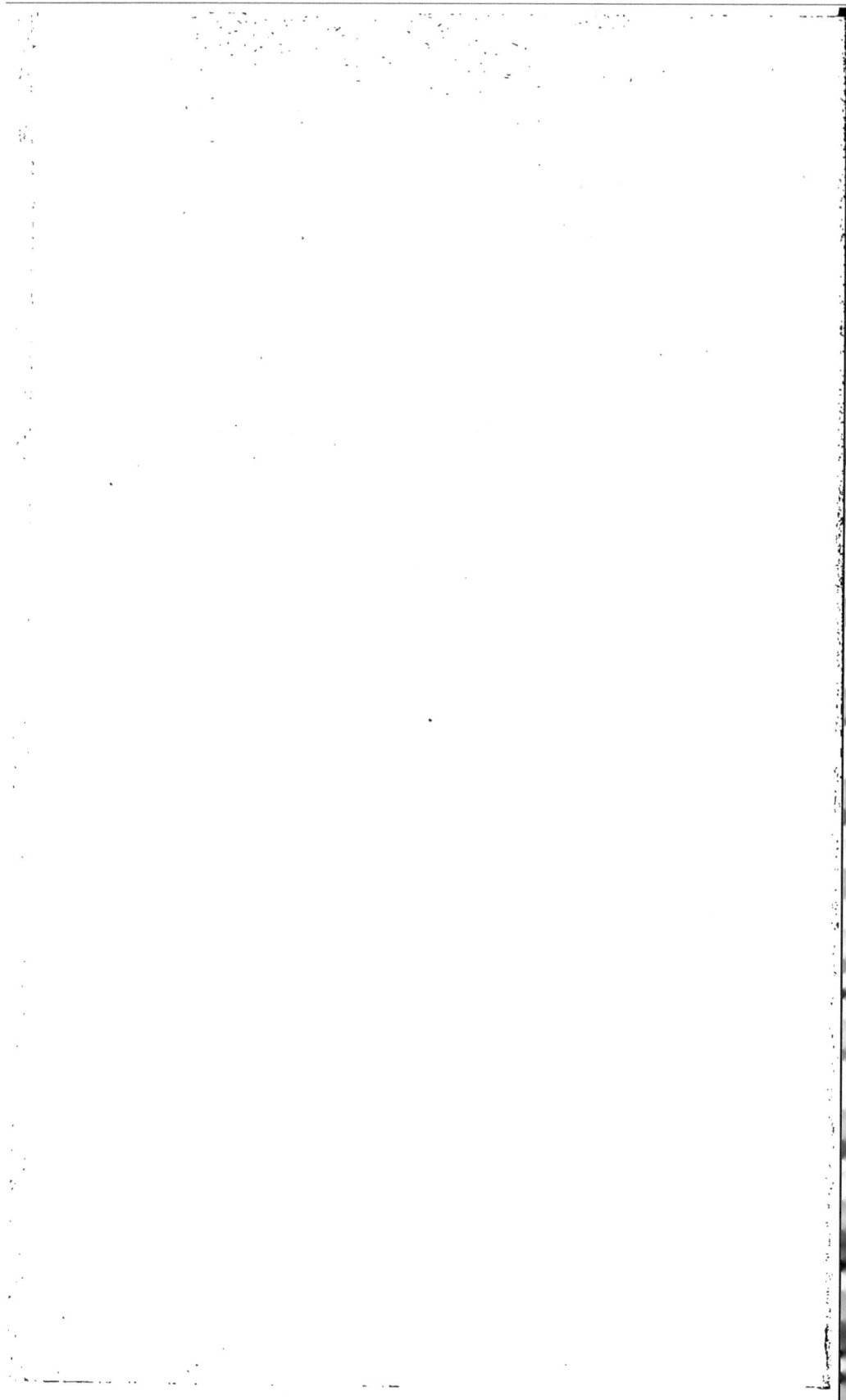

LE

VIIIᵉ ARRONDISSEMENT

ET

SON ADMINISTRATION

PENDANT LE SIÉGE DE PARIS

PARIS. — TYPOGRAPHIE DE ROUGE, DUNON ET FRESNÉ,

rue du Four-Saint-Germain, 43.

VILLE DE PARIS

SEPTEMBRE 1870 — FÉVRIER 1871

LE

VIIIᵉ ARRONDISSEMENT

ET

SON ADMINISTRATION

PENDANT LE SIÉGE DE PARIS

PAR

M. E. DENORMANDIE

Ancien adjoint au maire du viiiᵉ arrondissement,
Député de la Seine.

PARIS

GARNIER FRÈRES, LIBRAIRES-ÉDITEURS

6, RUE DES SAINTS-PÈRES, 6

1873

INTRODUCTION

Le siége de Paris a déjà été l'objet de nombreux travaux. La politique et l'art militaire étaient également intéressés à commenter ce thème douloureux, si plein d'enseignements, et les écrivains autorisés n'ont pas fait défaut. Un publiciste distingué, M. F. Sarcey, a pris la tâche d'écrire, au jour le jour, ce qu'on pourrait appeler l'histoire morale du siége : la main sur le cœur de cette grande ville, il a, pour ainsi dire, compté ses pulsations sous le coup d'événements si cruels et si inattendus ; noté les illusions, les déceptions, les espérances et les découragements..... Cette étude faite de main de maître a surtout reproduit avec une rare vérité d'observation la vie morale de cette population mobile, impressionnable, si prompte aux entraînements, si facile aussi à ramener, si capable en même temps de résolutions généreuses.

Aussi, nous sommes-nous demandé quel
intérêt il pourrait y avoir à venir, à cette
heure, ajouter nos notes personnelles — car
notre ambition ne va pas au delà — à tant
d'informations autorisées ; à venir placer
sous les yeux du lecteur un récit qu'il trouvera plus complet et plus saisissant, par
exemple, dans les études de M. Jules Clare-
tie, de M. Louis Enault ou de M. Etienne
Arago, enfin dans le rapport intéressant que
M. Dubief adressait récemment au Conseil
municipal de la Seine sur la gestion finan
cière des mairies pendant le siége.

La lecture de ce rapport nous a fait penser
toutefois que des renseignements ayant trait
à la gestion administrative d'une mairie pour-
raient fournir aussi quelques indications utiles
sur ce qu'a été, dans la même période, l'administration municipale.

Nous avons été encouragé à remplir cette
tâche modeste par la pensée que nos concitoyens nous sauraient peut-être gré
d'aider à compléter, dans le détail, l'histoire d'une époque qui comptera parmi
les plus douloureuses, mais non les moins

glorieuses des annales de notre grande
cité.

Nous avons voulu surtout, en montrant
quelles difficultés imprévues et extraordinaires l'administration municipale a eu
à surmonter, rendre un juste hommage à
l'abnégation et au dévouement de nos administrés, et les remercier encore une fois du
concours actif et généreux qu'ils nous ont
prêté, dans des circonstances où l'on aurait
pu croire que chacun ne songerait qu'à dimi-
nuer sa part de privations, sans s'occuper de
celle d'autrui. Grâce au ciel, ce sentiment
égoïste ne s'est produit qu'à l'état de bien
rare exception ! Partout, dans tous les rangs
de la société, on a rivalisé de charité, nous
dirions de fraternité si l'on n'avait point tant
abusé du mot, et nous avons pu, en mettant à profit cette bonne volonté générale,
cet empressement de tous à venir en aide
à chacun, adoucir les privations les plus
rudes et soulager les souffrances les plus
cruelles.

Seulement, si limitée qu'ait été notre tâche
en recueillant ces « notes » sur la gestion

municipale de notre arrondissement, bien des difficultés inattendues se sont présentées : l'occupation illégale des mairies à partir du 18 mars 1871, en jetant la perturbation dans les services, a amené la perte ou la destruction d'une foule de pièces et de documents, où se trouvaient précisément consignés les faits dont nous voulions conserver la trace. Nous avons dû y suppléer au moyen de renseignements puisés à des sources diverses et dûment contrôlées, et de pièces que nous avions pu sauvegarder ; enfin de notes dont nous sommes redevable à des fonctionnaires zélés. Nous ne nous dissimulons pas néanmoins que notre travail présente des lacunes importantes, et qu'il est loin d'être tel que nous l'aurions souhaité ; mais, encore une fois, il ne s'agit pas ici d'une histoire, mais de documents recueillis dans le but unique de faciliter la tâche des historiens à venir.

Quelques explications sont maintenant nécessaires sur la matière de ces notes et sur les motifs qui nous ont déterminé à y comprendre l'ensemble des services administratifs.

Ce serait une erreur de supposer qu'il a suffi, pendant le siége, de développer dans le cadre qui lui est habituellement tracé l'activité administrative, sauf à augmenter le nombre des employés. Non, l'administration, à côté et en sus de sa tâche ordinaire, a été obligée soudainement, sans préparation d'aucune sorte, à pourvoir à des nécessités inusitées et extraordinaires ; il lui a fallu organiser de toutes pièces et parfois en quelques heures de nouveaux services, dont elle n'avait auparavant aucune idée, en les appropriant aux exigences impérieuses de la situation ; il n'y avait pas de précédent à consulter, de routine à suivre, il fallait improviser des mesures et des solutions d'urgence.

Devions-nous nous borner à rendre compte de ces services exceptionnels établis sous la pression des circonstances? Nous ne l'avons pas pensé.

En effet, les services dont se compose en temps ordinaire l'administration d'un arrondissement ont continué de fonctionner, mais en subissant des modifications diverses : les uns ont perdu de leur importance, les autres

1.

en ont gagné. N'était-il pas intéressant de rappeler ce qu'a été la vie municipale ordinaire, tandis qu'à côté des services qu'elle comporte, il s'en créait d'entièrement nouveaux ?

C'est pourquoi nous avons cru devoir embrasser dans nos recherches la généralité des services, ordinaires et extraordinaires. On verra ainsi la municipalité dirigeant tout à la fois les écoles et la boucherie, l'état civil et les ambulances, la boulangerie et la garde nationale.

Ce n'est pas la seule observation préliminaire que nous ayons à présenter.

L'administration de la ville de Paris a fait preuve assurément d'une activité extraordinaire et d'une sollicitude de tous les instants pour atténuer, autant que possible, les privations et les souffrances qui étaient les conséquences inévitables du siége, mais il serait injuste de passer sous silence le concours infatigable et ingénieux que lui a apporté, dans tous les arrondissements, l'initiative privée : partout des hommes de cœur et de bonne volonté se sont offerts pour joindre leurs efforts aux siens, et s'imposer à eux-mêmes une « taxe des pauvres » qu'ils ne craignaient pas de grossir souvent au delà de la mesure de leurs ressources.

Grâce à cette active et bienfaisante initiative, on a pu, dans plusieurs arrondissements, organiser des services particuliers qui ont singulièrement facilité la tâche de la municipalité.

Nous considérons comme un devoir de consacrer ici une place, aussi large que possible, à ceux qui ont été créés dans le 8ᵉ arrondissement : nous montrerons, d'une part, la charité semi-officielle représentée par l'Assistance publique et le Bureau de bienfaisance ; d'autre part, la charité privée organisée par une initiative bienveillante et alimentée par des cotisations volontaires, se faisant en quelque sorte concurrence dans un admirable esprit d'aide et de sacrifice.

Ces observations sur le but de notre publication et sur les matières qui y sont comprises expliqueront l'ordre que nous avons cru devoir adopter.

Nous avons divisé notre travail en trois chapitres :

CHAPITRE Iᵉʳ. Administration municipale appliquée aux services exceptionnels résultant de la guerre et de l'investissement.

CHAPITRE II. Administration municipale appliquée aux services ordinaires.

CHAPITRE III. Compte rendu des services complémentaires d'aide et d'assistance qui ont été établis avec le concours de l'initiative individuelle.

Il convient d'ajouter que la période du siége se divise au point de vue des municipalités en deux époques : dans la première, qui s'étend du 4 septembre au 4 novembre 1870, les maires et adjoints avaient été nommés par le gouvernement de la Défense nationale ; dans la seconde, qui va du 4 novembre jusqu'à la fin du siége, ces fonctionnaires municipaux devaient leur nomination au suffrage universel.

Voici quel a été le personnel administratif du 8ᵉ arrondissement pendant les deux époques :

M. Carnot, maire

M. Belliard ⎫ adjoints ⎫ du 4 septembre au 4 novembre.
M. Reyneau ⎭ ⎭

M. Carnot, maire

M. Denormandie
M. Belliard ⎱ adjoints ⎰ à compter du 4 no
M. Aubry ⎰ ⎱ vembre.

Les services les plus importants sont ceux qui ont été créés au début du siége et pendant la première période.

Ces services étaient en même temps les plus difficiles à établir, car il fallait les imposer à la population dans un moment où l'agitation et l'anxiété des esprits étaient extrêmes, dans un moment où l'on ne s'était pas encore fait à l'idée du siége et où les habitudes nouvelles n'étaient pas prises.

C'est donc, nous nous plaisons à le reconnaître, la municipalité de la première époque qui a eu à supporter la plus lourde part du fardeau que le siége a fait peser sur nous. Nous sommes heureux de rendre à MM. Carnot, Belliard et Reyneau cet hommage qui sera ratifié par tous leurs administrés, qu'aucune des difficultés énormes qu'ils avaient à surmonter ne s'est trouvée au-dessus de leur intelligence et de leur activité stimulées par l'amour du bien public.

Sans doute, à partir du 4 novembre, la tâche de l'administration municipale n'a été ni des plus simples ni des plus faciles, mais sur beaucoup de points la voie était tracée ; nous n'avions plus qu'à la suivre.

Si nous nous étions borné à prendre pour point de départ de nos recherches le 4 novembre, date de l'installation de l'administration dont nous avons fait partie, notre compte rendu eût été incomplet, et nous aurions eu le regret de négliger précisément l'époque où la municipalité s'est créé le plus de titres à la reconnaissance de ses administrés. Nos anciens collègues ont bien voulu nous autoriser à prendre la plume pour eux comme pour nous, et nous avons obéi au vœu qu'ils nous ont obligeamment exprimé en faisant remonter au 4 septembre ces simples notes sur « le 8ᵉ arrondissement et son administration pendant le siége de Paris. »

LE
VIIIE ARRONDISSEMENT
ET
SON ADMINISTRATION
PENDANT LE SIÉGE DE PARIS

CHAPITRE PREMIER

Administration municipale appliquée aux services exceptionnels résultant de la guerre et de l'investissement.

Il est superflu de rappeler que le siége de Paris n'était entré dans les prévisions de personne. On n'admettait pas que, dans ce duel engagé avec une seule puissance, la France pût succomber. On voyait déjà nos braves soldats traverser le Rhin et envahir l'Allemagne.

C'est à peine si la nouvelle de nos premiers désastres vint jeter quelques ombres sur ce complaisant tableau. Sur les boulevards, dans tous les lieux publics, dans les salons même, on acceptait avec une incroyable légèreté des fables souvent bien grossières sur tel ou tel incident militaire; la crédulité des Parisiens accueillait tout sans se lasser.

Cependant les événements marchaient, et le samedi 3 septembre 1870, la nouvelle du désastre de Sedan se répandit dans Paris.

A compter de ce moment, la situation de la capitale s'aggrava de jour en jour. On prétendait bien encore que pour faire véritablement le siége de Paris, il faudrait aux Allemands environ 1,500,000 hommes employés uniquement à l'investissement, que le danger d'un blocus n'était donc pas à craindre; qu'un côté de la ville resterait du moins en communication permanente avec le pays, que par là on serait ravitaillé et secouru. Nouvelles illusions! Le cercle commença à se former, et la bataille de Châtillon nous fit perdre tout espoir d'empêcher l'investissement.

Le 19 septembre, on apprenait officiellement que les dernières voies ferrées qui rattachaient Paris à la France et au reste de l'Europe venaient d'être coupées et que la capitale était livrée à elle-même.

La question alimentaire prit aussitôt la première place dans les préoccupations publiques. On se précipita chez les marchands de comestibles et chez les épiciers pour se procurer des conserves et des provisions diverses. On faisait même assez généralement de cette précaution l'objet

d'intarissables plaisanteries ; mais, quand on vit
que le siége allait devenir un blocus et que les
approvisionnements ne dureraient pas toujours,
on commença à comprendre que l'on aurait probablement à traverser de cruelles épreuves.

Si les particuliers, n'ayant à se préoccuper que
d'eux-mêmes et de leur famille, éprouvaient cette
appréhension, que dire de ceux qui, revêtus de
fonctions publiques, avaient à pourvoir au sort de
la population, à improviser des services entièrement nouveaux, à organiser enfin l'alimentation
publique, et par conséquent assumaient une res-
ponsabilité, toute morale sans doute, mais qui
n'en était pas moins terrible à envisager !

Les divers détails de l'administration municipale extraordinaire nous tracent naturellement
les divisions de ce travail : nous consacrerons
premier chapitre au service de la boucherie.

§ 1. — Boucherie.

Les premiers jours du siége ne donnèrent lieu
à aucune mesure particulière concernant la boucherie ; le moment vint bientôt où la vente dut
cesser d'être libre, sans qu'il fût encore question
cependant de rationner les habitants. Le ministre
de l'agriculture et du commerce fut chargé de
répartir, entre les diverses mairies de Paris,

La vente de la
viande cesse
d'être libre.

quantité de viande nécessaire pour la nourriture des habitants dans leurs circonscriptions respectives. Le ministre pensa avec raison qu'il était indispensable que, dans chaque arrondissement, tous les bouchers fussent syndiqués. Il semblait impossible, en effet, de songer à créer des rapports directs entre l'administration centrale et tous les bouchers de Paris, et même entre chaque municipalité et les bouchers de son arrondissement.

Il existait, par exemple, dans le 8° arrondissement, 61 boucheries.

Imagine-t-on ce qu'eussent été des relations directes et quotidiennes (avec les notes, conférences, correspondances et comptes que ces relations eussent impliqués) entre la municipalité et les 61 bouchers? Aussi tous les bouchers de Paris avaient-ils été convoqués dès le 27 septembre 1870 par ordre du ministre du commerce dans la salle du Grand-Orient, rue Cadet.

Dans cette réunion on organisa le syndicat des bouchers par arrondissement.

On appelait successivement les bouchers d'un arrondissement. Ils délibéraient avec le représentant de l'administration, puis ils faisaient choix, parmi eux, de deux, trois ou quatre syndics qui devaient les représenter et servir de lien entre eux et la municipalité.

Les syndics des bouchers du 8° arrondissement choisirent deux délégués.

Ces délégués se rendaient tous les jours à l'abattoir dit de Grenelle, situé avenue de Breteuil, et là ils prenaient livraison de la quantité de viande que la direction, au nom du ministère du commerce, leur délivrait pour l'arrondissement.

Comment l'arrondissement était approvisionné.

Ils avaient attaché à leur service trois *meneurs* qui, chaque soir, au moment même où la prise de possession venait d'avoir lieu, partaient directement de l'abattoir, et allaient porter dans chacune des 61 boucheries de l'arrondissement la viande nécessaire à la clientèle. Le boucher remboursait le prix de la livraison qui lui était faite.

La viande fut d'abord distribuée également à chacune des 61 boucheries, mais ce système amenait des inégalités regrettables; car les boucheries n'avaient pas toutes une clientèle d'importance égale; il en résultait que certains habitants trouvaient abondamment à s'approvisionner chez leur boucher, tandis que d'autres n'étaient pourvus que d'une manière fort incomplète.

On essaye divers modes de distribution.

Quelquefois aussi il y avait perte de marchandises par défaut d'emploi.

On fut donc obligé de modifier le système et de ne délivrer à chaque boucher qu'une part proportionnée à l'importance présumée de sa clientèle.

Mais il y avait encore mieux à faire. Le mode de distribution qui vient d'être analysé multipliait

beaucoup les peines et les démarches, non-seulement pour les bouchers, mais aussi pour les habitants.

On eut alors l'idée, tant dans le 8ᵉ arrondissement que dans plusieurs autres, de ne plus livrer
la viande que par séries, et on divisa les 61 boucheries de l'arrondissement en trois séries de
20 boucheries chacune; la 61ᵉ reçut une destination particulière qui sera tout à l'heure expli-
quée.

Les bouchers recevaient chaque fois la viande
nécessaire pour tous les jours et la livraient eux-
mêmes pour trois jours à leur clientèle.

Critiques qui
ont été formu-
lées contre le
système de dis-
tributions tous
les trois jours.

Nous savons que cette organisation par catégories a été pendant le siége l'objet de quelques
critiques. On a prétendu que ce système avait, en
partie du moins, contribué à amener à la porte
des bouchers ces *queues* dont le souvenir néfaste
est resté dans la mémoire des Parisiens et surtout
des Parisiennes.

Nous ne sommes pas de cet avis et nous devons
faire remarquer que l'on eut recours à ce mode
de distribution seulement après avoir fait plusieurs autres tentatives sans résultat satisfaisant.

Le public n'a pas réfléchi que sous le régime
du rationnement il était indispensable que le service de la boucherie fût surveillé et que le compte
de chaque établissement devînt chaque jour l'objet d'un contrôle sérieux.

On conviendra que surveiller chaque jour 61 boucheries et faire, tous les jours aussi, des comptes avec chacune de ces boucheries, était une entreprise impraticable.

Il aurait fallu un personnel d'employés considérable, dispendieux, et une complication administrative dont évidemment on ne se rendait pas compte.

A cette considération nous en ajouterons une autre :

Le rationnement de la viande fut bien vite imposé à la population parisienne, et il devint de plus en plus rigoureux.

On ne tarda pas à être réduit à 50 grammes et même ensuite à 30 grammes.

Or, voit-on les Parisiens s'en allant chaque jour à la boucherie pour en rapporter la modeste quantité de 50 grammes ou même de 30 grammes ?

Au contraire, en s'approvisionnant pour trois jours, on pouvait tirer un parti plus utile de la quantité à laquelle on avait droit, quelque modeste qu'elle fût.

Ajoutons enfin que, pour éviter les queues, chaque boucher dans le 8° arrondissement fut invité à distribuer des numéros contenant une indication d'heure.

Ainsi, par exemple, un consommateur venant à sa boucherie le jour qui lui était assigné, recevait un numéro d'ordre lui indiquant à l'avance

qu'il aurait à revenir dans trois jours de huit à
dix ou de dix heures à midi ; la clientèle de la
boucherie se trouvait de la sorte répartie entre les
différentes heures de la matinée pour éviter toute
espèce d'encombrement.

Ce système était donc bon en lui-même, eu
égard aux énormes difficultés de la situation ; mais
il rencontra d'abord dans l'application certaines
difficultés.

C'est ainsi que le public, dans la pensée naturelle d'être mieux servi, se portait de préférence
aux boucheries importantes plutôt qu'aux petites
boucheries.

Les bouchers qui se voyaient recherchés et
presque envahis essayèrent de créer des numéros
d'ordre conformément à l'instruction qu'ils avaient
reçue et de faire la police. Mais ils étaient sans
autorité pour imposer à la population une régle-
mentation qui n'émanait que d'eux, et cette mesure ne produisit aucun effet appréciable.

Ce fut alors que l'on songea, non-seulement à
notre mairie, mais aussi dans les autres, à créer
une sorte de titre pour chaque famille ou individu,
et ce double expédient, c'est-à-dire la distribution
tous les trois jours et la remise d'un titre, fut bientôt adopté dans la plupart des arrondissements.

On avait ainsi cherché et essayé plusieurs sys-
tèmes pour aboutir à celui qui devint définitif.

On a peine à concevoir les difficultés d'une pareille tâche, le travail incessant qu'elle exigea, et les préoccupations de toute sorte qui assiégeaient ceux qui en étaient chargés.

Le maire, M. Carnot, et les deux adjoints, MM. Belliard et Reyneau, qui seuls à cette époque représentaient la municipalité du 8e arrondissement, ont seuls organisé et fait fonctionner sous la direction désintéressée et intelligente d'un négociant de l'arrondissement ce service si important et si difficile.

Un recensement de la population était le point de départ nécessaire de tout système administratif. *Recensement.*

Cette mesure était d'autant plus indispensable qu'il était impossible de déterminer la population d'une manière même approximative, car le dernier recensement remontait à 1866, et le chiffre qu'il accusait se trouvait modifié non-seulement par l'augmentation progressive des quatre dernières années, mais encore par les émigrations qu'avait provoquées l'investissement de Paris.

Aussi le gouvernement, en vue d'une juste et proportionnelle répartition de l'approvisionnement entre tous les habitants, avait-il fait procéder dès les premiers jours du siége à un recensement général de la population.

Malheureusement ce dénombrement ne put être effectué que d'une manière très-imparfaite.

Une des plus grandes difficultés qu'éprouva

l'administration du 8ᵉ arrondissement vint de ce que le travail officiel du gouvernement ne portait l'arrondissement que pour 75,000 habitants, tandis qu'il fallait en réalité subvenir à la nourriture de 95,000 personnes.

Pour redresser cette erreur, la municipalité du 8ᵉ arrondissement résolut de faire un recensement spécial de sa population.

Préparé par les gardes urbains, ce travail fut ensuite repris, contrôlé et achevé par les soins directs de la municipalité et des agents officiels et officieux qui lui apportaient leur concours dévoué.

Nous donnons ici la reproduction du tableau qui fut déposé dans chaque maison pour y recevoir les indications nécessaires.

ENQUÊTE ALIMENTAIRE

du 8ᵉ arrondissement

Nota. — Le présent recensement a pour but de renseigner le gouvernement de la Défense nationale sur les besoins alimentaires auxquels il est appelé à pourvoir pendant la durée du siége de Paris. Le propriétaire,

ou à défaut de ce dernier le concierge, est tenu de faire
remplir le présent état.

Quartier   *rue*   N°

Numéros	Étage	Noms et prénoms du chef de famille	Lieu de Naissance	Membres composant la famille		Obser- vations.
				hommes, femmes, enfants au-dessus de 7 ans.	Enfants au-des- sous de 7 ans	

De nombreux habitants du 8° arrondissement
avaient quitté Paris. C'étaient des femmes, des
enfants, des vieillards, et des hommes valides
qui étaient appelés au dehors par le service militaire ou par des fonctions publiques.

En revanche, les communes suburbaines du
département de la Seine, dont le territoire était
voisin du 8° arrondissement, et quelques communes de Seine-et-Oise et de Seine-et-Marne y
avaient envoyé beaucoup de leurs habitants qui
fuyaient à l'approche de l'ennemi.

Sans doute le gouvernement avait bien recommandé d'éloigner de Paris les *bouches inutiles*,
et cette recommandation avait été écoutée.

2

Mais l'invasion avait jeté dans Paris tous les réfugiés de la banlieue.

Ces bouches inutiles aussi, mais auxquelles on ne pouvait refuser l'hospitalité, avaient remplacé les autres, de sorte que la population parisienne s'élevait pendant le siége à plus de 2,000,000 d'individus.

Le recensement spécial dont nous venons de parler, après avoir constaté ces sorties et ces entrées, portait la population du 8° arrondissement à 95,000 habitants environ.

C'était le chiffre que la municipalité avait toujours affirmé pour obtenir dans la répartition générale la part qui semblait indispensable à la nourriture de chaque jour.

Quand le recensement spécial prescrit par la municipalité du 8° arrondissement fut relevé assez sérieusement pour présenter toute garantie, il fallut créer le titre à l'aide duquel chaque famille ou individu serait admis à la boucherie.

Ce titre consista dans une carte qui contenait l'indication de chaque jour, à compter du 7 octobre 1870, date de la mise en pratique de ce système.

Il semble que la mairie du 8° arrondissement ait eu dès ce moment la conscience que les ressources de Paris étaient plus importantes qu'on ne le supposait, et que l'abnégation de la population serait à la hauteur de toutes les épreuves,

car elle avait fait confectionner, dès le commencement d'octobre, une carte qui pût servir jusqu'au 10 février.

Les jours étaient disposés en tableau, et le
tableau devait être poinçonné à la boucherie lorsqu'on s'y présentait.

Nous avons dit que, déjà à ce moment, on
avait adopté le système de la distribution pour
trois jours ; aussi le chef de famille ou son représentant, en allant, par exemple, le 7 octobre, à la
boucherie, voyait-il estampiller sa carte aux dates
des 7, 8 et 9 octobre, et ainsi de suite.

Au surplus, voici le modèle de la carte :

RÉPUBLIQUE FRANÇAISE

LIBERTÉ, ÉGALITÉ, FRATERNITÉ

MAIRIE DU VIIIᵉ ARRONDISSEMENT

Nom

Demeure

Nombre des membres de la famille

Bon pour   **rations**

Signature du titulaire :   *Le maire :*

Toute fausse déclaration sur le nombre des membres de la famille entrainera le retrait immédiat de cette carte, sans préjudice des peines édictées par la loi.

Octobre	7	8	9	10	11	12	13	14	15	16
17	18	19	20	21	22	23	24	25	26	27
28	29	30	31	9bre	1	2	3	4	5	6
7	8	9	10	11	12	13	14	15	16	17
18	19	20	21	22	23	24	25	26	27	28
29	30	Xbre	1	2	3	4	5	6	7	8
9	10	11	12	13	14	15	16	17	18	19
20	21	22	23	24	25	26	27	28	29	30
31	Janvier	1	2	3	4	5	6	7	8	9
10	11	12	13	14	15	16	17	18	19	20
21	22	23	24	25	26	27	28	29	30	31
Février	1	2	3	4	5	6	7	8	9	10

Les bouchers délivrent la viande au prix de la taxe :
Ils doivent poinçonner chaque jour de distribution le tableau ci-dessus.

Les cartes confectionnées, il fallut en faire la répartition à qui de droit, et partager les habitants de l'arrondissement et ceux qui y étaient réfugiés entre les 60 boucheries destinées au public.

Cette dernière mesure était indispensable pour que chaque boucher pût recevoir d'avance sa quantité de viande et pas davantage, pour que chaque famille fût certaine de trouver dans une boucherie déterminée la part de viande qui lui était nécessaire, et pour éviter les abus de toute sorte, notamment le double emploi.

L'opération fut difficile ; on rencontra de nombreuses résistances parmi les habitants, qui voulaient absolument conserver leurs relations habituelles avec telle ou telle boucherie, et chez les bouchers, qui craignaient de perdre leur clientèle en lui voyant prendre d'autres habitudes.

Il fallut résister à ces préoccupations et faire respecter l'attribution municipale, sous peine de voir le service alimentaire sérieusement compromis.

Pour faciliter ce service et le contrôler, un délégué de la mairie fut placé dans chaque boucherie ; ces délégués, au nombre de vingt, se rendaient dans les vingt boucheries ouvertes chaque jour.

Le délégué municipal vérifiait tout d'abord si le boucher avait reçu par les meneurs venant de l'abattoir la quantité qui lui était destinée ; il

2.

assistait à la distribution faite à la clientèle
que l'on avait attribuée à la boucherie ; il
regardait si la carte présentée n'avait pas été
altérée, et si elle avait bien pour destination la
boucherie où on la présentait, il s'assurait que le
boucher délivrait la part de viande réglementaire,
et il poinçonnait lui-même la carte.

De plus, le délégué tenait à la boucherie même
un cahier sur lequel il constatait le nom et l'a-
dresse du preneur et la quantité de viande livrée.

Ce cahier était indispensable pour assurer le
contrôle, pour compter le soir même avec le boucher et pour répondre aux réclamations qui pour-
raient ultérieurement surgir.

Afin d'éviter les abus possibles et toute chance
de connivence, les délégués n'allaient pas deux
fois de suite à la même boucherie ; on changeait
chaque matin leur destination.

Voici comment étaient composés ces cahiers ou
feuilles qu'un délégué municipal tenait dans chaque boucherie pendant qu'elle fonctionnait :

SECTION	Nᵒˢ DISTRIBUÉS
JOURNÉE DU	187

Boucherie

Rue

Employé, M.

Livré par l'abattoir. .	Rations servies. . . . .
Mouton.	Poids des rations. . . .
Bœuf.	Déchets restant. . . . .
Cheval	Rendu . . . .
Lard.	Déficit . . . .
Riz	
TOTAL livré par l'abattoir.	

Noms inscrits sur les cartes	Rations servies.
—	—
. . . .	. . . .
. . . .	. . . .

À la fin de la journée, on additionnait la quantité de viande livrée par le boucher; on lui faisait approuver le compte, et s'il restait un solde de viande, on le portait à une boucherie toute spéciale appelée *Boucherie municipale*, et qui avait été créée pour répondre à certains besoins.

En effet, cette répartition de la viande disponible entre les 60 boucheries de l'arrondissement dessaisissait la municipalité de toute réserve; or, il

Objet particulier de la 61ᵉ boucherie.

était indispensable d'en avoir une pour les besoins exceptionnels et non prévus.

Cette boucherie complémentaire était alimentée avec le solde non employé dans les autres, et elle avait pour objet :

1° De satisfaire aux besoins de toutes les petites ambulances organisées par les particuliers; elle pourvut à ce service jusqu'à l'époque où toutes les ambulances particulières furent rattachées pour l'alimentation à un hospice principal;

2° De donner un supplément de viande aux malades sur certificats de médecin;

3° De venir au secours des boucheries qui, par suite d'erreurs, de malentendus ou défaut de prévision de l'abattoir, n'avaient pas reçu la quantité de viande assignée à leur clientèle;

4° De pourvoir aux besoins des habitants qui, ayant vécu jusqu'alors sur des réserves personnelles, ou quittant une maison dans laquelle on s'était chargé d'eux, ou venant d'un autre arrondissement par suite de déménagement, n'étaient pas encore porteurs d'une carte régulière.

C'est à ces divers besoins que l'on avait affecté la 61° boucherie de l'arrondissement, en la qualifiant de *Boucherie municipale;* les bouchers y envoyaient leur solde de viande quand ils en avaient.

Cette boucherie avait été d'abord confiée aux soins et à la direction d'un boucher, et tant que

dura la vente du bœuf, elle fonctionna régulière-
ment; mais quand cette vente cessa, la boucherie
municipale fut tenue en régie par la mairie.

La clientèle spéciale de cette boucherie finit par
s'augmenter, notamment par la multiplication
des ambulances et l'augmentation du nombre des
malades; il fallut lui donner rang avec les autres,
en faire une 61ᵉ boucherie, et lui remettre chaque
jour, sur la provision générale, une part d'environ
200 kilogrammes.

On a, dans les lignes qui précèdent, expliqué les
divers essais faits successivement pour arriver à
organiser un mode de distribution régulier et présentant toutes les conditions d'ordre et d'équité
nécessaires.

On vient de voir en quoi consistait le système
qui prévalut définitivement et qui fut ensuite pra-
tiqué pendant toute la durée du siége :

— Syndicat des bouchers de l'arrondissement;

— Ils sont représentés par deux délégués;

— Ces deux délégués prennent livraison à
l'abattoir de la quantité de viande destinée à
l'arrondissement ;

— Cette viande est remise chaque jour à 20 bouchers sur 60; la population de l'arrondissement
est répartie par tiers entre les soixante boucheries;

— La viande remise est destinée à la nourriture de trois jours;

— Chaque individu ou chef de famille reçoit, sous la forme d'une carte, un titre qui exprime la quotité de son droit, c'est-à-dire le nombre de ses rations, et lui permet de se présenter chez le boucher qui lui a été particulièrement désigné; il s'y présente et reçoit la part de viande qui lui est affectée pour trois jours.

Nous allons maintenant donner quelques indications sur le genre de nourriture des Parisiens.

Le 26 octobre 1870, la commission des subsistances prévenait les maires qu'à compter du 29 du même mois le rationnement de la viande de boucherie dans chaque arrondissement serait uniforme et fixé à 50 grammes par habitant et par jour.

Le 27 octobre, le ministre du commerce envoyait une circulaire dans le même sens, et il avisait le maire du 8e arrondissement qu'en conséquence et eu égard à la population de 95,000 habitants déclarée par lui, son arrondissement aurait droit à 4,750 kilogrammes.

A cette époque, on acceptait comme exact le chiffre de 95,000 habitants donné par le recensement particulier que la municipalité du 8e arrondissement avait fait exécuter. On devait, plus tard, le contester de nouveau, comme on l'avait fait au début du siége, et créer ainsi à l'administration locale de sérieux embarras.

Déjà, depuis un certain temps, pour contri- La viande de cheval. buer à la solution si difficile du problème alimentaire, on avait eu recours à la viande de cheval, qui était distribuée concurremment avec la viande de bœuf et avec celle de mouton.

Et comme l'esprit s'ingéniait à multiplier les éléments de l'alimentation tant pour varier la nourriture que pour économiser le stock si précieux de bœuf et de mouton, on avait eu recours aussi à l'emploi des abats.

Les difficultés se multipliaient, et cependant il 3 novembre 1870, arrêté relatif à toute substance propre à l'alimentation. fallait, pour sauvegarder l'honneur de Paris et peut-être pour relever la fortune de la France, prolonger la résistance aussi longtemps que possible.

Le 3 novembre 1870, le ministre du commerce s'appuyant sur le décret de la convention nationale du 19 brumaire an III et visant des décrets déjà rendus les 29 septembre et 1er octobre 1870, prit un arrêté aux termes duquel aucune substance reconnue propre à l'alimentation ne devait être détournée.

Les os devaient être livrés pour fournir matière à des préparations alimentaires nutritives, et il était fait réquisition dans les boucheries et les fourneaux économiques de tous les os non vendus au public avec la viande, ou qui n'étaient pas employés à la préparation du bouillon.

Vers la même époque, on rappelait aux bou-

chers que tout abatage fait ailleurs qu'aux abattoirs de la ville de Paris était un abatage clan-
destin qui constituait une contravention aux dispositions de l'art. 48 de l'ordonnance de police
du 25 mai 1830, et qu'en outre la marchandise
en pareil cas serait réquisitionnée.

ésolution rela-
ve aux abats.
Dans le commencement du mois de novembre,
les municipalités furent informées que les abats
seraient mis à leur disposition avec la viande de
cheval distribuée par ordre de l'administration.

L'emploi de ces abats, notamment du foie,
avait été l'objet de divers essais auxquels le ministère avait pourvu au moyen des chevaux abattus
pour la salaison, c'est-à-dire pour faire de la conserve. Puis ces salaisons furent interrompues, et
il avait fallu alors renoncer à des préparations
alimentaires qui avaient cependant obtenu dans
le public une certaine faveur.

Comme la consommation tirait plus de profit
de ces préparations que de l'emploi direct des
viandes de qualité inférieure dont elles étaient
composées, il sembla regrettable d'y renoncer.

Sous l'empire de cette préoccupation, le ministre du commerce décida, afin de concilier tous
les intérêts, que la moitié seulement des abats de
chevaux serait livrée directement au public ou au
commerce de la triperie par les soins des maires,
et il se réserva de pourvoir lui-même à l'emploi
industriel de l'autre moitié.

En conséquence, à compter du 15 novembre, les municipalités ne reçurent plus les abats des chevaux qu'un jour sur deux.

Ces épreuves imposées à la population parisienne n'étaient pas encore les plus dures.

Pénurie de chevaux.

Ce qui préoccupait les municipalités dans l'intérêt de leurs administrés, ce n'était pas cette mauvaise nourriture, résultat des combinaisons alimentaires les plus étranges, c'était *le manquement*.

Ainsi, il arrivait souvent que l'insuffisance du nombre des chevaux amenés sur le marché ne permettait pas de livrer aux vingt maires de Paris des quantités de viande de cheval égales à celles de viande de bœuf et de mouton qui leur étaient habituellement allouées; alors le ministre expédiait une circulaire comme celle que le maire du 8ᵉ arrondissement reçut par exemple le 15 novembre.

Le ministre y annonçait que le nombre des chevaux amenés sur le marché avait été insuffisant et il ajoutait : « J'ai été obligé, en consé-« quence, de *réduire les pesées* en suivant la « proportion qui résulte de l'état de recensement « des 20 arrondissements. Par suite de cette me-« sure, le poids à livrer à votre arrondissement « est fixé pour ledit jour à 2,375 kilogrammes. »

Or, on a vu plus haut que la ration quotidienne du 8ᵉ arrondissement avait été fixée à 4,750 kilog.,

3

c'était une faillite alimentaire avec un dividende de 50 0,0 !

On vient d'indiquer sommairement les efforts faits pour multiplier les éléments de nourriture : En effet, l'approvisionnement en viande fraîche de bœuf et de mouton s'épuisait rapidement ; — depuis deux mois entiers on en distribuait, sans ravitaillement possible, à une population de deux millions d'individus, et si une chose assurément devait surprendre, c'était qu'il y en eût encore.

Ce stock prit fin par la livraison du dimanche 20 novembre.

A partir de cette date et sauf les vaches réquisitionnées, dont l'emploi fut organisé plus tard, la viande de cheval fut la seule viande fraîche sur laquelle on pût compter.

Du reste, les chevaux constituaient encore une ressource abondante pour l'alimentation.

Lorsqu'on avait parlé pour la première fois de manger du cheval, un grand nombre de personnes s'étaient récriées, — il semblait que la viande de cheval fût malsaine, mauvaise, impossible à digérer, et que ce mode de nourriture impliquât déjà une situation désespérée.

Il convient de réhabiliter la viande de cheval, elle était saine et nutritive et constituait un très-passable succédané du bœuf ; on la digérait facilement.

Sans doute on eût pu s'en fatiguer au bout d'un certain temps, mais dans les conditions où elle était livrée, on devait s'estimer très-heureux de l'avoir.

Chose digne de remarque, ce sentiment de répugnance fut long et difficile à vaincre, et c'est surtout chez ceux-là dont la table est habituellement servie d'une façon modeste, que se rencontrait cette antipathie.

Quoi qu'il en soit, l'approvisionnement de bœuf et de mouton étant épuisé, on n'avait pas le choix, il fallait, en dépit de toutes les répugnances, motivées ou non, se contenter de chevaux de boucherie.

Dans le but de créer un stock qui permît de régulariser la distribution, il parut utile au ministre de suspendre pendant trois jours la distribution de la viande de cheval et d'y suppléer par une distribution de viandes salées.

On s'arrêta à cette durée de trois jours parce qu'elle correspondait au roulement généralement adopté dans les divers arrondissements pour le rationnement, notamment dans le 8e, et dont nous avons exposé le mécanisme.

En conséquence, à partir du dimanche 20 novembre, la distribution de la viande de bœuf et de mouton cessa, la distribution de la viande de cheval fut momentanément suspendue, et les 21, 22 et 23 novembre, on fit des distributions de viandes

Mode de nourriture des 21, 22, 23 novembre 1870.

salées, destinées à la consommation pendant ces trois journées.

Par une sorte de compensation, la quantité de viande salée que l'on nous donna ainsi pour toute nourriture pendant ces trois jours, fut supérieure aux pesées que l'on recevait quotidiennement en viande de bœuf et de mouton.

L'épuisement de notre approvisionnement en bœuf et en mouton — le régime de trois jours de viande salée — et l'alimentation portant désormais d'une façon exclusive sur le cheval, tout cela nous avait été subitement annoncé le 20 novembre, c'est-à-dire le jour même où cette épreuve nouvelle allait commencer, et nos administrés ne le surent, comme nous-mêmes, qu'à la dernière heure. Néanmoins, pas une plainte ne se fit entendre, tant la population parisienne supportait avec vaillance et abnégation ces dures épreuves.

Manquement de chevaux les 24 et 25 novembre

Cependant on ne pouvait même pas compter sur une livraison régulière de la viande de cheval, — les 21, 22 et 23 novembre, on vécut uniquement de viande salée — le 24 novembre on reçut du cheval, mais en quantité insuffisante.

En effet, cette fois encore, le petit nombre de chevaux amenés sur le marché ne permit de livrer aux vingt maires de Paris que des quantités inférieures à celles qui leur étaient précédemment allouées en viande de bœuf ou de mouton.

On dut alors *réduire les pesées*, en suivant la

proportion qui résultait de l'état de recensement des vingt arrondissements.

Puis tout à coup, dès le lendemain 25 novembre, on en manqua tout à fait.

Il fallut donc suspendre pendant quelques jours de plus la consommation de la viande de cheval.

Le marché aux chevaux s'étant trouvé tari à l'improviste, les municipalités ne furent pas prévenues, et le ministre, de son côté, se vit obligé de recourir à d'autres ressources alimentaires.

La consommation fut arrêtée de la manière suivante pour les cinq journées de samedi 26, dimanche 27, lundi 28, mardi 29 et mercredi 30 novembre.

Le porc et la morue, seule nourriture les 26 et 27 novembre.

Le vendredi 25 novembre, nous reçûmes pour la consommation du samedi 26 une pesée de 4,500 kilog. de viande de porc.

Le samedi on nous livra, pour la consommation du dimanche 27, la même pesée de morue.

Mais, comme il était difficile de laisser la population au régime du porc et de la morue, on se décida à entamer une extrême réserve de viande de bœuf qui avait été mise de côté pour les cas les plus urgents.

On reçut le dimanche pour le lundi, le lundi pour le mardi, le mardi pour le mercredi, la même pesée de viande fraîche de bœuf.

Il fallait faire accepter par la population cette

mesure imprévue qui dérangeait l'égalité entre les trois groupes entre lesquels s'accomplissait le roulement de la consommation; nous n'y eûmes aucun mérite; car, sauf de rares exceptions, le patriotisme des Parisiens comprenait ces douloureuses nécessités et acceptait tout; nous ne saurions assez le répéter.

Résistance des détenteurs de vaches. Ces difficultés furent encore augmentées par des circonstances particulières; citons par exemple, en passant, la résistance que les détenteurs de vaches opposaient à l'exécution de l'arrêté ministériel, qui les plaçait sous le coup d'une réquisition devenue inévitable. Il fallut recourir à des mesures de rigueur.

Agissements des spéculateurs. Ajoutons qu'il se rencontre toujours des hommes que ne touchent point les malheurs de la patrie et qui n'éprouvent aucun scrupule à les faire tourner au profit de leur intérêt personnel.

C'est ainsi que le ministre dut intervenir pour réfréner les spéculations qui s'étaient introduites dans le commerce des chevaux de boucherie et qui servaient de prétexte aux bouchers de cheval pour se dérober à l'exécution de la taxe.

Décembre 1870, l'administration achète les chevaux. En vertu d'un arrêté ministériel, tous les chevaux destinés à l'abatage furent achetés exclusivement par l'administration, et on nous fit espérer qu'à partir de ce moment la viande provenant de ces chevaux serait livrée aux 20 mairies de Paris.

Le cheval de boucherie ne constituant pas une

espèce à part, le ministre ne crut pas qu'il fût possible de réquisitionner d'une manière générale et d'avance tous les chevaux susceptibles d'être abattus à un moment donné.

Il ne put que se substituer aux acheteurs et empêcher ainsi leurs spéculations. Il en résulta que les quantités de viande de cheval destinées à la consommation continuèrent d'être subordonnées au nombre de chevaux offerts sur le marché.

Cette situation ne permit pas de déterminer avec certitude quelles pesées de viande de cheval on mettrait chaque jour à la disposition des maires.

Cependant on put espérer qu'à partir de cette époque (le milieu du mois de décembre) chaque arrondissement pourrait recevoir en viande de cheval à peu près l'équivalent de la pesée en viande de bœuf et de mouton qui avait été originairement distribuée.

On nous annonça que, dans tous les cas, l'attribution aux 20 arrondissements se ferait sur la la base proportionnelle alors en vigueur.

L'administration avait encore à se mettre en garde contre d'autres manœuvres frauduleuses.

C'est ainsi que nous fûmes informés vers le commencement du mois de décembre par diverses réclamations que dans un certain nombre de fûts de salaison livrés aux mairies le 21 novembre et les jours suivants à l'un des abattoirs, on n'avait

Tromperie dans des fûts de salaison.

trouvé ni filets, ni faux filets, ces morceaux de choix ayant été détachés, avant la mise en cuves, des autres morceaux auxquels d'ordinaire ils restent adhérents.

On dut dans chaque arrondissement entendre d'urgence, à cet égard, les délégués et inspecteurs de la boucherie et faire des enquêtes.

Nécessité de disposer des vaches laitières. Cependant le temps s'écoulait, et chaque jour apportait naturellement des difficultés plus grandes.

Le marché aux chevaux s'était de nouveau tari à l'improviste.

Cette circonstance obligea le ministre à réquisitionner pour la boucherie les chevaux non employés à un service d'intérêt général.

Mais, pour subvenir aux besoins de la consommation dans l'intervalle de quelques jours, qui devait nécessairement s'écouler avant que cette réquisition pût être effectuée, il fallait se décider à disposer immédiatement d'une partie des vaches laitières ou déclarées telles, déjà frappées de réquisition par un arrêté du 8 novembre et dont on avait autorisé la conservation provisoire aux mains des déclarants.

On devait d'autant moins hésiter à prendre cette mesure (impérieusement commandée d'ailleurs par la nécessité) que le chiffre des vaches laitières existant à Paris était certainement bien supérieur aux besoins de la consommation en lait; en effet, il existait dans Paris près de 6,000 vaches laitières déclarées, et les renseignements recueillis ne permettaient pas d'évaluer à moins de 1,500 le nombre des vaches non déclarées par leurs propriétaires.

Cependant ceux-ci, qui appartenaient pour la plupart aux communes réfugiées dans Paris et qui étaient beaucoup plus préoccupés de leur intérêt privé que de leur devoir de solidarité, avaient accueilli cette mesure avec une extrême irritation, — on craignait que ce mécontentement ne vînt à se traduire d'une façon bruyante, surtout dans les quartiers de Paris qui avaient servi d'asile au plus grand nombre des réfugiés; — aussi les municipalités durent aviser aux mesures qui, d'un moment à l'autre, pouvaient devenir nécessaires dans le cas où leurs administrés des communes suburbaines voudraient éluder la décision ministérielle ou faire obstacle à son exécution.

Les familles réfugiées à Paris et qui avaient trouvé dans la capitale une protection et un asile, ne devaient pas oublier qu'elles étaient tenues de contribuer aux sacrifices que la population parisienne s'imposait pour le salut du pays.

On put heureusement éviter les moyens de rigueur en s'ingéniant à multiplier les ressources alimentaires.

3.

18 décembre 1870. Le minis- tre prend le parti de livrer tous les abats aux municipa- lités.

Nous avons précédemment expliqué que, vers le milieu du mois de novembre, le ministre du commerce s'était réservé l'emploi industriel de la moitié des abats de chevaux.

A compter de cette époque, ces abats n'avaient été délivrés aux délégués des mairies, pour être consommés à l'état frais dans les arrondissements, qu'un jour sur deux.

En prenant cette décision, le ministre s'était proposé de favoriser certaines préparations, qui rendaient plus de services à l'alimentation que la vente au détail des abats frais.

Des industriels ingénieux, avec le concours de plusieurs membres importants du syndicat de la charcuterie, avaient réussi à fabriquer des produits variés représentant un poids plus que double de celui de l'abat, grâce à l'addition de riz, de graisse, de sang, de panse, d'une conservation facile (sauf le boudin, qui devait être consommé tout de suite).

Mais l'administration, en vendant une partie des abats à ces industriels, désirait que les produits de leur fabrication fussent mis à la portée de la population de tous les arrondissements, et elle les invita à entrer en rapports avec les municipalités pour régler le mode et les conditions de la vente.

Les tripiers faisant la conserve des abats frais, rien ne s'opposait à ce qu'on les choisît comme agents de vente au détail, en leur imposant l'observation d'une taxe modérée, et c'est ce qui eut lieu.

Plusieurs maires adhérèrent à ces arrangements ; ils réglèrent le tarif d'achat en gros et de vente au détail ; de plus, ils firent transformer de même la portion des abats qui, dans le principe, avait été laissée à leur disposition.

Dès que les municipalités purent apprécier, par expérience, l'utilité de la transformation des abats de chevaux en produits de charcuterie, la qualité de ces produits et les conditions de la vente, de manière à passer directement des marchés avec les entrepreneurs, si elles le jugeaient convenable, le ministre n'eut plus de motif pour maintenir le droit qu'il s'était réservé précédemment de pourvoir lui-même à l'emploi industriel de la moitié des abats.

A partir du 18 décembre, les maires reçurent donc chaque jour la totalité des abats provenant des chevaux affectés à la consommation de leur arrondissement, pour en disposer de la manière qui leur paraîtrait la plus avantageuse, soit à l'état frais, soit à l'état de produits transformés par l'intermédiaire des fabricants dont nous venons de parler.

En outre, et à partir du lundi 19 décembre, on mit à notre disposition dans chaque abattoir, en sus des abats qui nous étaient abandonnés, la panse et les tripes des chevaux affectés à la consommation dans chaque arrondissement.

Ces produits inférieurs, qui naguère étaient sans aucune valeur, en avaient pris une réelle sous l'empire des cruelles épreuves que nous traversions; ils pouvaient notamment être employés à la préparation des andouillettes.

Spéculations sur les abats.

La spéculation ne devait pas respecter même les dispositions prises dans l'intérêt de la population relativements aux abats.

Elle devint si excessive sur la vente au détail des abats de la boucherie, qu'elle provoqua de nombreuses réclamations.

De toutes parts on demanda l'application d'une taxe.

Afin d'éviter des inégalités de prix entre les arrondissements, le ministre dut établir et transmit aux municipalités un projet de tarif qui semblait concilier tous les intérêts.

30 décembre 1870. Nouveau recensement.

En dépit des efforts ingénieux faits pour multiplier les éléments de l'alimentation, les difficultés de la situation croissaient chaque jour, et elles s'augmentaient particulièrement dans certains arrondissements où la population avait été mal recensée.

Le nôtre était, comme nous l'avons dit, de 95,000 administrés, et non point de 75,000.

Or, depuis un certain temps, on ne nous servait plus qu'à raison d'une population supposée d'environ 75,000 habitants, et toutes nos réclamations à cet égard étaient demeurées vaines.

Le membre du gouvernement de la Défense nationale chargé de l'administration du département de la Seine et de la mairie de Paris fit exécuter, à la date du 30 décembre 1870, un nouveau recensement général de la population des vingt arrondissements de la capitale.

Mais on persista à nous y maintenir pour un nombre inférieur à notre population réelle; on ne voulait pas se rendre compte de la charge que nous imposaient nos réfugiés; on nous porta sur ce nouveau travail pour 75,880 habitants, à raison desquels on promit de nous donner, par chaque distribution de viande, 3,950 kilogrammes.

Le cours des événements nous réservait bientôt une nouvelle épreuve au mois de janvier 1871.

9 janvier 1871. Le bombardement.

On se rappelle quelle émotion produisit en France et en Europe la nouvelle que le bombardement de Paris venait de commencer.

On se rappelle aussi les protestations que fit entendre le monde civilisé au nom de l'humanité, dont les droits étaient si cruellement violés; on se rappelle ces familles décimées, ces soldats, déjà mutilés par la guerre, que l'ennemi venait achever dans nos hôpitaux.

Tout cela appartient à l'histoire, qui jugera de

pareils actes avec une juste et sévère indignation ; mais ce qu'on ne sait pas généralement, c'est que le bombardement vint jeter un trouble profond dans l'administration alimentaire, déjà si difficile, de nos arrondissements.

Jusque-là, le 8ᵉ arrondissement se pourvoyait chaque jour à l'abattoir de Grenelle; mais tout à coup ses représentants refusèrent, non sans raison, d'aller, au péril de leur vie, prendre possession du stock habituel.

Il fallut aller chercher l'approvisionnement aux Batignolles ; puis, un nouveau changement eut lieu : on nous renvoya pour le restant du siége à la Villette.

Ces détails n'ont assurément qu'un intérêt tout local ; ils peuvent cependant faire comprendre combien la tâche de l'administration s'était compliquée.

On passait la nuit à la mairie, cherchant avec anxiété comment et à l'aide de quelles réserves extraordinaires on pourrait nourrir le lendemain ses administrés.

Mesures prescrites par suite du bombardement.

Après avoir pourvu, tant bien que mal, aux exigences de la première heure, on organisa à la mairie centrale, d'une façon uniforme pour tout Paris, un système qui semblait devoir satisfaire en même temps à la nécessité dans laquelle on se trouvait de ne pas augmenter le rationnement général et de pourvoir aux besoins de l'alimentation des réfugiés dans les arrondissements où ils venaient chercher asile.

Ce système consistait à désigner aux habitants de chaque arrondissement bombardé un ou deux arrondissements de refuge.

Le service dans les arrondissements de refuge devait être fait par une ou plusieurs boucheries, spécialement ouvertes à cet effet, et dont l'indication serait donnée à l'avance aux réfugiés.

Ces boucheries seraient alimentées par l'arrondissement bombardé et sur les quantités précédemment allouées à cet arrondissement.

La distribution s'opérerait sur le vu des cartes d'alimentation dont les habitants de Paris étaient depuis longtemps pourvus, et dûment visées à cet effet par les mairies des arrondissements abandonnés.

Le visa des cartes aux mairies originaires semblait devoir permettre à celles-ci d'attribuer aux boucheries destinées à servir leurs réfugiés un nombre de rations correspondant exactement avec le chiffre des émigrants, déterminé chaque jour par le visa d'émigration.

En même temps, et grâce à ce simple visa, les doubles emplois semblaient pouvoir être évités.

En effet, les cartes visées pour émigration cesseraient d'être valables dans les boucheries de l'arrondissement, et elles seraient seules reçues dans les boucheries spéciales pour les réfugiés.

Pour arriver à l'application de ces mesures, une affiche devait les faire connaître aux réfugiés des arrondissements bombardés.

Ce système était improvisé sous le coup de la nécessité; il fallait le faire fonctionner sans retard, à un moment où l'on avait déjà tant souffert et à une époque où la crise alimentaire commençait à devenir terrible; c'est assez dire combien, malgré la bonne volonté de tous, le fonctionnement en fut nécessairement imparfait. On se demande même, en se reportant à cette triste époque, comment on a pu venir à bout d'une pareille tâche.

Il en faut attribuer le mérite à la touchante résignation de la population parisienne.

On ne saura jamais combien la conduite des femmes particulièrement fut admirable.

Les pauvres mères de famille faisaient la queue, pendant des heures entières, dès la première heure du jour, par un froid des plus rigoureux, chez les bouchers, chez les boulangers, chez les marchands de bois; aucune ne murmurait.

Pendant les premiers mois du siége, cette gaieté parisienne, si communicative, si entraînante, avait survécu à tout, et elle était une bien grande ressource pour accepter et subir philosophiquement les épreuves qui nous étaient envoyées.

A la fin du siége, aux mois de décembre 1870 et

de janvier 1871, la gaieté avait disparu, mais l'acceptation était la même, et personne n'aurait voulu murmurer.

Nous touchions au dénoûment ; la fin du mois de janvier fut bien pénible, la dernière semaine notamment, qui commença le 23 janvier 1871, fut terrible.

Pour faciliter la tâche des municipalités, le ministre leur fit distribuer 20,113 kilogrammes de gélatine.

La part du 8ᵉ arrondissement dans cette distribution fut de 770 kilogrammes.

Cette gélatine, dissoute dans l'eau, et dans la proportion de 5 p. 0/0, fournit un bouillon assurément bien médiocre, mais qui, grâce aux circonstances, reçut un excellent accueil.

N'oublions pas, enfin, que l'administration centrale a fourni aux municipalités les moyens de faire à la population quelques distributions extraordinaires de certaines denrées.

Quelques distributions extraordinaires.

A diverses époques du siége, le ministre du commerce mit à la disposition des mairies, pour compenser ce que la nourriture ordinaire pouvait avoir d'inférieur ou d'insuffisant, un certain nombre de denrées, par exemple :

De la graisse,

Des légumes secs,

De la morūe,

Des harengs,

De l'huile,

Du beurre,

Du fromage,

Des pommes de terre,

Des viandes diverses.

Le ministre, qui avait réquisitionné toutes ces denrées, en devait le prix aux particuliers; il ne pouvait donc nous les livrer que contre de l'argent comptant, et c'était là un nouvel embarras pour les municipalités.

Pour faire, dans le 8ᵉ arrondissement, le service spécial de ces distributions, on avait ouvert cinq boutiques.

Mais on s'aperçut bientôt que ce système n'était pas praticable, car il aurait fallu refaire des cartes et créer pour cette distribution particulière un mode de répartition de 95,000 consommateurs entre 5 locaux.

La municipalité du 8ᵉ arrondissement résolut, pour ce qui la concernait, le problème de la façon suivante :

1º Elle demanda aux bouchers qui étaient syndiqués, qui avaient leur organisation, leurs magasins, leur personnel, de se charger du débit de ces denrées diverses.

Pour assurer et faciliter les comptes avec le ministère et à titre de garantie, ils formèrent un fonds commun, au moyen d'un cautionnement que chacun d'eux s'imposa à concurrence de 500 francs;

2° On fit la distribution aux habitants sur la carte de boucherie même, qui s'estampillait dans ce cas par un signe particulier.

Le 6 octobre on avait mis à notre disposition, pour le 8ᵉ arrondissement, 200 kil. de fromage de Hollande et 2,000 kil. de pommes de terre.

C'était le premier envoi de cette nature, et il mit la municipalité dans la nécessité d'ouvrir alors elle-même et de tenir un compte-matières et un compte-espèces.

Le 27 octobre, la municipalité avait reçu un paquet de morues de 100 kil.

Le 1ᵉʳ novembre, six formes et demie de fromage de gruyère.

Le 2 novembre, 500 kil. de fromage de Hollande et 5,000 kil. de pommes de terre.

Le 9 novembre, 420 kil. de graisse alimentaire.

Dans le courant du mois de décembre, le ministère, assailli de projets et d'inventions de toute sorte, nous envoyait pour le 8ᵉ arrondissement, à titre d'échantillon, dix flacons de gelée potage aromatisé, produit nouveau, préparé par les soins de son administration et destiné à fournir des bouillons économiques.

Cette gelée aromatisée provenant d'un premier

essai, et les proportions d'osséine, extrait de viande, etc., pouvant être dans la suite avantageusement modifiées, on nous prévint que l'échantillon était d'une qualité inférieure.

Nous ne tardâmes pas à partager complétement cet avis !

Mais, le 25 du même mois de décembre, la mairie centrale nous vint en aide d'une façon plus utile.

Le gouvernement de la Défense nationale avait mis à la disposition de la ville de Paris une somme importante qui fut employée en achats d'approvisionnements de café, de sucre, de chocolat, etc.

Enfin..... les étrennes ne furent pas oubliées! on mit à la disposition de tous les arrondissements :

De l'huile d'olives,

Des haricots,

Du café,

Du chocolat,

destinés à être répartis, contre payement, bien entendu, entre tous les habitants de Paris.

Le 1er janvier 1871 et jours suivants, les maires purent joindre ce supplément à la ration ordinaire; est-il nécessaire d'ajouter combien ils furent heureux d'atténuer ainsi quelques-unes des privations que leurs concitoyens supportaient avec une patience et une résignation si exemplaires?

Voilà en quoi consistèrent les distributions extraordinaires qui, soit au jour de l'an, soit à diverses autres époques, permirent d'apporter quelques adoucissements à la situation des assiégés.

La remise de ces denrées supplémentaires avait présenté certaines difficultés. En ce temps si exceptionnel, aucun acte d'administration n'était simple, il fallait diviser la distribution, en faire connaître à l'avance les éléments, en déterminer les prix, éviter les abus, etc.

Nous donnons ici la copie d'un des avis imprimés qui étaient remis à nos administrés.

MAIRIE DU 8ᵉ ARRONDISSEMENT

Veuillez vous rendre avec ce bulletin, et votre carte de rationnement, le. . . . .

rue

à l'heure précise de

Il sera vendu par chaque ration :
- ou 500 grammes de riz pour.... 25 c.
- ou 60 grammes de fromage pour 25 c.
- ou 65 grammes de lard pour.... 20 c.
- ou 100 grammes de graisse pour.. 25 c.
- ou 250 grammes de haricots pour 25 c.

Nota. — Cette vente est faite uniquement pour les personnes qui n'ont encore rien acheté à nos ventes; par conséquent, les personnes qui chercheraient à y acheter de nouveau, courraient le risque de voir confisquer leur carte.

Fin du régime
exceptionnel
de la bouche-
rie.
Enfin, il fallut, à la fin du mois de janvier 1871, reconnaître que, tous les aliments possibles étant épuisés, la position n'était plus tenable; il devait se passer encore un certain temps avant que les choses reprissent un cours normal. — On ne ravitaille pas en quelques heures, ni même en quelques jours, une ville comme Paris, et on ne rétablit ni facilement ni promptement tous les rouages d'une aussi vaste administration.

Cependant, dans le courant du mois de février, la réorganisation était, sinon parfaite, au moins assez avancée pour qu'on mît fin aux mesures exceptionnelles.

L'organisation spéciale des boucheries qui avait été une nécessité pendant le siége, n'était plus en harmonie avec le retour aux conditions ordinaires d'approvisionnement.

D'eux-mêmes, l'un après l'autre, tous les arrondissements cessèrent de prendre livraison de la viande de boucherie que le ministère du commerce mettait à leur disposition. Le public renonçait aux habitudes qu'il avait dû prendre pendant le siége; il s'alimentait directement.

Le moment était venu de mettre fin à un régime qui imposait des sacrifices inutiles à nos finances et une gêne au commerce libre; la faculté de taxer la viande était d'ailleurs aux mains de l'autorité un remède suffisant dans le cas où la hausse des prix nécessiterait son intervention.

Il est juste de rappeler de quel secours réel nous fut, précisément dans ce moment de transition, l'envoi fait par l'Angleterre de provisions de tout genre qui, dans chaque arrondissement, furent distribuées à la population.

Il s'organisa à Paris un comité anglais qui voulut veiller lui-même à la bonne et intelligente répartition de ces secours.

Dans le 8ᵉ arrondissement, nous fîmes choix d'un local rue de Suresnes pour procéder à cette distribution, et elle se fit sur le vu d'une carte dont nous donnons ici le modèle.

DON PATRIOTIQUE

DE

L'ANGLETERRE A LA FRANCE

DISTRIBUTION DE LA VILLE DE PARIS

Bon pour une part

Les membres du Comité présidé par le lord-maire :

GEORGE MOORE.
H. STUART WORTLEY.

8ᵉ arrondissement. — Rue de Suresnes, 9.

§ 2. — Boulangerie.

Fin décembre 1870 On décide le rationnement du pain.

Tous les développements que l'on vient de donner ont trait exclusivement à la boucherie. — Il faut dire maintenant comment se fit le service de la boulangerie.

C'est seulement au mois de décembre 1870 que le gouvernement résolut d'imposer à la population le rationnement du pain.

Jusqu'à ce moment la vente du pain avait été entièrement libre.

Cependant il était facile de prévoir que le rationnement deviendrait nécessaire.

Nouveau recensement.

Dès que le principe en fut décidé dans les conseils du gouvernement (c'était vers la fin du mois de décembre 1870), on fit faire un recensement spécial de la population.

Nous en avons dit un mot plus haut.

La nécessité de rationner le pain et de le distribuer équitablement, en tenant compte des modifications survenues depuis trois mois dans le chiffre de la population des arrondissements, fut le motif principal qui détermina l'autorité à recommencer cette opération.

Un nouveau recensement lui paraissait nécessaire :

1° Pour servir de base à la répartition ;

2° Pour rectifier les erreurs commises lors du premier recensement.

La mairie centrale savait que certaines mairies avaient exagéré alors le nombre de leurs habitants, tandis que d'autres n'avaient pas réussi à faire admettre le chiffre réel de leur population.

Le 8ᵉ arrondissement, très-maltraité par le premier travail de recensement, le fut également par celui-ci.

Voici le tableau de ce recensement général de la population parisienne, tel qu'il fut dressé à la fin du mois de décembre 1870.

ARRONDISSEMENTS.	POPULATION.
1ᵉʳ.	77.831
2ᵉ	77.671
3ᵉ	96.422
4ᵉ.	95.341
5ᵉ.	98.213
6ᵉ	90.803
7ᵉ.	68.883
8ᵉ.	75.880
9ᵉ	102.215
10ᵉ.	141.485
11ᵉ.	183.723
12ᵉ.	100.877
13ᵉ.	79.828
14ᵉ.	82.100
15ᵉ.	92.807
16ᵉ.	44.034
17ᵉ.	120.064
18ᵉ.	154.517
19ᵉ.	113.716
20ᵉ.	108.299
Total.	2.005.299

La population du 8ᵉ arrondissement est
en temps ordinaire d'environ. 65.000
Il avait sur son territoire les réfugiés de
9 communes suburbaines de la Seine
et, en outre, des réfugiés de Seine-et-
Oise et de Seine-et-Marne;
On estimait le nombre de ces réfugiés à.   30.000

Ensemble. 95.000

Or le recensement portait le 8ᵉ arrondissement, en chiffres ronds, seulement pour. 75.000

Différence. 20.000

Cette évaluation erronée, contre laquelle la municipalité du 8ᵉ arrondissement n'a cessé de réclamer, mais en vain, lui créa les plus grandes difficultés.

On conçoit combien d'embarras devait nous causer l'insuffisance des livraisons qu'on nous faisait pour une population présumée de 75,000 habitants, tandis que nous avions 95,000 bouches à nourrir, combien aussi ces embarras devaient s'aggraver dans le dernier mois du siége, c'est-à-dire au moment où nous n'avions plus la possibilité de combler le déficit par des équivalents ou par des ressources extraordinaires et lors du rationnement du pain.

Ainsi, privations générales imposées à tous, et, pour le 8ᵉ arrondissement, difficultés particulières provenant de l'appréciation inexacte de la population complémentaire dont les circonstances l'avaient doté.

Si l'on y ajoute que trop souvent, pendant le mois de janvier, les boulangers ne reçurent pas la quantité déjà si restreinte de farine qui leur était annoncée, on aura l'idée des préoccupations qui se renouvelaient chaque jour et à chaque heure.

Le système adopté pour le service du pain fut le même que celui de la boucherie; on se procurait du pain en présentant la carte de la boucherie, sur laquelle le boulanger mettait une apostille particulière.

Les cartes de boulangerie envoyées par la mairie centrale nous servirent seulement pour les bombardés recueillis momentanément par le 8ᵉ arrondissement et pour ceux qui prouvaient, à l'aide d'une justification sérieuse, que leur carte de viande avait été égarée.

Voici le fac-simile de la carte de boulangerie que la mairie centrale avait fait préparer pour les divers arrondissements.

M

demeurant   *nº*

a droit à   **Rations de Pain,** *à prendre*

chez **M**   *, boulanger, rue*   *nº*

Vu par le MAIRE
du ᵉ arrondissement,

CARTE DE BOULANGERIE

Avis important. — Toutes *RATIONS* non récla-
mées aux jours indiqués ci-dessous, seront périmées.

Jeudi 16 FÉVRIER	Mercredi 15 FÉVRIER	Mardi 14 FÉVRIER	Lundi 13 FÉVRIER	Dimanche 12 FÉVRIER	Samedi 11 FÉVRIER
Vendredi 10 FÉVRIER	Jeudi 9 FÉVRIER	Mercredi 8 FÉVRIER	Mardi 7 FÉVRIER	Lundi 6 FÉVRIER	Dimanche 5 FÉVRIER
Samedi 4 FÉVRIER	Vendredi 3 FÉVRIER	Jeudi 2 FÉVRIER	Mercredi 1ᵉʳ FÉVRIER	Mardi 31 JANVIER	Lundi 30 JANVIER
Dimanche 29 JANVIER	Samedi 28 JANVIER	Vendredi 27 JANVIER	Jeudi 26 JANVIER	Mercredi 25 JANVIER	Mardi 24 JANVIER
Lundi 23 JANVIER	Dimanche 22 JANVIER	Samedi 21 JANVIER	Vendredi 20 JANVIER	Jeudi 19 JANVIER	Mercredi 18 JANVIER

Déjà, avant le rationnement du pain, le service de la boulangerie avait créé des difficultés; on avait dû prendre certaines mesures pour sauvegarder le stock de farine.

Par un arrêté du 11 décembre, il avait été interdit aux boulangers de vendre de la farine au détail; cette mesure, bonne en elle-même, souleva quelques réclamations.

On ne crut pas, et avec raison, qu'il y eût lieu de revenir sur cette décision, prise dans un intérêt général, en vue de réserver la farine exclusivement à la fabrication du pain; mais on pensa qu'il convenait de laisser aux maires le soin d'apprécier les exceptions qu'il était raisonnable d'apporter à l'arrêté du 11 décembre, afin de leur permettre de donner satisfaction à des besoins légitimes dont l'évidence leur serait démontrée.

Dans ce but, on avait mis à notre disposition, vers la fin du mois de décembre, un quintal de farine à distribuer de la façon qui nous semblerait la plus convenable.

Ce quintal fut débité à raison de 0 fr. 50 c. le kilog.

La nécessité du rationnement avait été reconnue à l'unanimité par la commission des subsistances.

Nous savions d'avance que les habitants de Paris la subiraient avec courage.

Le taux de la ration fut fixé à trois cents

4.

grammes pour les adultes et à cent cinquante grammes pour les enfants au-dessous de cinq ans.

Le prix de la ration fut établi à 0 fr. 10 cent., et celui de la demi-ration à 0 fr. 05 cent., prix inférieur à la taxe du moment.

La clientèle des boulangeries fut déterminée par un tableau officiel; un avis affiché sur les murs indiqua les maisons desservies par chacune d'elles.

Chaque habitant sut ainsi où il devait s'adresser.

Le colportage du pain à domicile fut absolument interdit.

Mode de distribution du pain. La distribution du pain commençait le matin à sept heures. Il y eut, pour la surveiller, du moins c'est la mesure que nous prîmes dans notre arrondissement, dans chaque boulangerie deux gardes nationaux et deux délégués de la mairie.

Le pain ne fut distribué qu'aux personnes munies d'une carte d'alimentation ou d'une carte de boucherie, ou encore d'une carte spéciale de boulangerie.

Les délégués surveillaient la livraison, l'un d'eux détachait de la carte le coupon du jour.

Si la carte n'était pas à l'avance munie de coupons, comme dans le cas où la carte de boucherie servait pour la boulangerie, le délégué la timbrait.

Des bureaux composés d'au moins cinq membres désignés par la mairie de l'arrondissement furent établis dans chaque quartier ; ils distribuèrent des cartes de boulangerie à ceux qui n'étaient pas encore munis d'une carte d'alimentation ou de boucherie, ou qui l'avaient égarée. Une affiche apposée par nos soins indiqua l'adresse des bureaux de réclamations.

Pour éviter les doubles emplois, les noms des personnes qui se présentaient avec des cartes de boulangerie, d'alimentation ou de boucherie, étaient inscrits par les délégués sur des feuilles préparées à cet effet et remises au boulanger.

Un timbre était apposé à la suite de chaque nom inscrit sur une colonne correspondant au jour de la livraison.

Toute distribution de pain en dehors des boulangeries, notamment aux fourneaux économiques et aux cantines municipales, dut cesser à partir du jour où le rationnement commença à fonctionner.

Des cartes spéciales d'un type uniforme furent déposées chez tous les boulangers pour recevoir, sous le contrôle des délégués, mention des réclamations qui se produisaient.

En vue de simplifier la situation des réfugiés, on leur donna des cartes de boulangerie pour l'arrondissement où ils avaient pris refuge.

En outre, une boulangerie spéciale fut affectée

dans chaque arrondissement aux gardes nationaux de service aux remparts et aux bataillons de
guerre casernés dans Paris.

Cette boulangerie fut indiquée à l'avance à la
mairie centrale par le maire de l'arrondissement
avec le chiffre exact des hommes qui devaient être
servis.

Afin de faire face aux demandes imprévues et
aux besoins de ceux qui n'étaient pas encore
munis de cartes, les boulangers durent cuire un
excédant de 5 0|0.

On leur délivra des farines en conséquence.

L'usine Scipion reçut l'ordre de tenir en réserve environ 10,000 kilog. pour le même objet.

La distribution du pain une fois achevée, et au
plus tard avant quatre heures, un rapport était
dressé à la mairie par les délégués préposés à
chaque boulangerie sur les quantités de pain délivrées, les incidents de la distribution, le mon-
tant des farines reçues ou à recevoir et l'excédant
qui pouvait rester libre.

Cet excédant était délivré le lendemain.

Si une boulangerie se fermait dans un quartier, avis en était donné immédiatement à la
caisse de la boulangerie par un délégué de l'arrondissement.

Certes c'était là un ensemble de mesures de
salut public, mais tout le monde sans exception
en comprit la nature et l'importance.

Cependant il arriva parfois des mécomptes.

Parfois la farine manqua chez un certain nombre de boulangers.

Il fallut aviser d'urgence, trouver des expédients, satisfaire de nombreux groupes d'administrés et faire face à de justes réclamations.

On fit pour le mieux dans une situation sans précédent.

L'objet de nos préoccupations les plus vives c'était, est-il besoin de le dire? la classe nécessiteuse, celle qui n'avait et ne pouvait avoir ni réserve de pâtes ou de biscuits, ni ressources pour se procurer des équivalents.

Distribution de vin aux nécessiteux.

Une commission nommée le 16 janvier par l'assemblée des maires décida qu'un cinquième de litre de vin serait délivré gratuitement, à partir du 18, dans chaque boulangerie, à tout nécessiteux porteur d'un bon de pain.

En conséquence, une pièce de vin fut déposée pendant la journée du 18 janvier dans chacune des boulangeries de tous les arrondissements; chaque boulanger dut immédiatement se munir d'un cinquième et d'un entonnoir.

Dans le 8e arrondissement, le marchand de vin qui était le plus proche voisin du boulanger fut chargé de faire placer cette pièce sur un chantier.

On pouvait encore faire un peu de pain blanc pour les vieillards, les malades, les enfants.

Il fallut restreindre ce service exceptionnel dans es limites les plus étroites.

Nous étions obligés de demander un certificat de médecin et de ne donner les autorisations que par journées pour les contrôler chaque jour.

Nos permissions étaient ainsi conçues :

MAIRIE DU 8ᵉ ARRONDISSEMENT

Permis au porteur d'acheter une ration de pain blanc
Valable seulement pour aujourd'hui.

Le   janvier 1871.

LE MAIRE,

**Extrême diffi-
culté des der-
niers jours.**

La situation commençait à inspirer les plus cruelles inquiétudes; on ne saurait imaginer de quels éléments se composa le pain livré à la population pendant la seconde partie de janvier, et particulièrement pendant la dernière semaine.

Il fallut bien capituler, et ceux-là qui ont blâmé la capitulation auraient pu avec plus de raison reprocher au gouvernement d'avoir trop attendu et d'avoir exposé à la famine une population de 2,000,000 d'habitants.

Mais la capitulation ne nous donnait pas encore du pain.

Nous n'avions pour en tenir lieu qu'une mixture étrange, détestable au goût, essentiellement indigeste, et dans la composition de laquelle il n'entrait pour ainsi dire pas de farine. Et cependant ce produit bizarre était une ressource, on ne pouvait même pas le prodiguer; au contraire, il fallait le rationner avec une exactitude rigoureuse pendant la période si difficile qui allait s'écouler jusqu'au ravitaillement de la capitale; ajoutons que dans cet intervalle les demandes de livraisons supplémentaires ne cessaient de s'accroître.

Il était impossible, dans l'état de nos ressources, de faire droit à toutes ces réclamations, quoiqu'elles fussent souvent des mieux fondées.

Parmi les éléments qui troublaient tous les calculs, il faut citer les réfugiés des arrondissements bombardés.

On n'avait pu obtenir l'exécution d'un règlement aux termes duquel les farines délivrées aux arrondissements bombardés devaient être transportées dans les arrondissements qui avaient recueilli les victimes du bombardement; de là bien des difficultés de répartition.

Or, la situation venait de changer; le bombardement avait cessé et les réfugiés n'avaient plus aucune raison plausible de ne pas rentrer chez eux. Cependant ils ne pouvaient s'y résoudre; on

fut donc obligé de prescrire, afin de les y con-
traindre, qu'aucune livraison de farine supplé-
mentaire ne serait plus, de ce chef, attribuée aux
arrondissements qui avaient recueilli les bombardés.

Enfin, la situation vint à se modifier, et, le
7 février 1871, le membre du gouvernement
délégué à la mairie de Paris prit un arrêté ainsi
conçu :

« Le membre du gouvernement délégué à la
« mairie de Paris,

« Vu l'arrêté en date du 18 janvier dernier,
« concernant le rationnement du pain,

ARRÊTE :

ARTICLE PREMIER.

« Les articles 1 et 2 de l'arrêté susvisé du
« 18 janvier dernier sont modifiés ainsi qu'il
« suit :

ART. 2.

« A partir du mercredi 8 février présent mois,
« le rationnement du pain à Paris est élevé de
« 300 à 400 grammes pour les adultes, et de
« 150 à 200 grammes pour les enfants au-dessous
« de cinq ans.

ART. 3.

« Le prix de la ration de 400 grammes sera de

« 15 centimes, et celui de la ration de 200 gram-
« mes sera de 8 centimes.

ART. 4.

« Il n'est en rien dérogé aux autres dispositions
« contenues dans l'arrêté précité du 18 janvier,
« qui continuera à recevoir son exécution.

« Fait à Paris le 7 février 1871.

« *Signé :* JULES FERRY. »

En même temps, et grâce à des mesures promptement et judicieusement prises, la qualité du pain
s'améliorait. Quelques jours après la publication
de cet arrêté, nous revenions à un état presque
normal.

§ 3. — **Lait.**

Il ne suffisait pas d'assurer à peu près l'alimentation de la population parisienne en viande ou
en préparations équivalentes, et, vers la fin du
siége, de prendre relativement à la boulangerie
les mesures que nous venons d'énumérer.

Nous avions des enfants et des malades que
nous ne pouvions nourrir avec des abats ni avec
des compositions plus ou moins nutritives.

Quelques familles avaient des vaches, mais
combien n'en avaient pas !

5

D'autres pouvaient acheter du lait aussi longtemps que les vaches ne furent pas réquisitionnées, mais combien ne le pouvaient pas!

Enfin, il vint un moment où la réquisition cessa
d'épargner les vaches; puis, une autre époque où
le gouvernement, après les avoir laissées par tolé-
rance aux mains de leurs propriétaires, dut en
exiger la livraison.

La conséquence fut que le gouvernement dut
nécessairement mettre à la disposition de chaque
arrondissement du lait en quantité suffisante pour
les malades ou les enfants qui ne pouvaient s'en
passer.

A compter du 26 novembre 1870, le ministre
du commerce fit transporter, le matin, dans un
local que nous avions à l'avance désigné, une certaine quantité de lait.

Il nous suffira de dire, pour montrer à quelles
extrémités on était réduit, que le 8e arrondissement recevait *cinquante litres de lait par jour*
pour les malades et les enfants d'une population
de 95,000 habitants!

Nous en faisions la distribution, sur certificats
réguliers, aux malades et aux enfants en bas âge;
il était livré, au prix de 70 centimes le litre, sur des
bons dont voici la teneur :

Ville de Paris

8ᵉ ARRONDISSEMENT

Bon pour   litre   centilitres de lait

à **M.**   *à prendre rue*

Le   janvier 1871.

LE MAIRE,

§ 4. — Combustible.

On sait combien l'hiver de 1870-1871 a été exceptionnellement rigoureux.

L'investissement ne permit pas de ravitailler les chantiers.

Le stock qui s'y trouvait au début de la guerre, quelque important qu'il fût, ne pouvait résister toujours à la consommation quotidienne de la population nombreuse qui était enfermée dans la capitale.

Au mois de janvier 1871, ce stock était presque complétement épuisé.

C'est en vain qu'on allait chez les marchands

de bois, ils ne pouvaient donner ce qu'ils n'avaient plus; les chantiers étaient vides.

Les petits débitants au détail vendaient à des prix exorbitants les provisions qu'ils avaient pu faire; on payait chez eux quelques morceaux de charbon ou quelques bûches 15 ou 20 francs.

Les planches avec lesquelles on ferme les terrains vacants ou à vendre étaient souvent l'objet de coups de main que l'on était impuissant à empêcher, et les quelques planches ou morceaux de bois qui se trouvaient déposés sur ces terrains disparaissaient également.

La municipalité eut à intervenir chaque jour, dans un grand nombre de circonstances, pour réprimer des abus; mais elle ne fut chargée, en matière de combustible, d'aucun service public ou administratif.

Seulement, à la fin du mois de décembre, le temps était si rigoureux, que le gouvernement fit distribuer des ceintures de flanelle, et nous en reçûmes 2,000 pour les nécessiteux de notre arrondissement.

Les services que nous avons pu rendre à cet égard l'ont été, à titre officieux, sur les fonds particuliers, dont nous parlerons au chapitre III.

§ 5. — Garde nationale.

La garde nationale du 8ᵉ arrondissement, pendant l'empire, se composait de quatre bataillons, nᵒˢ 1, 2, 3, 4, formant un effectif de 4,000 hommes environ, qui montaient quatre gardes par année.

La nomination des officiers appartenait à l'état-major. Chaque bataillon avait son conseil de recensement;—un jury de révision siégeait à l'état-major général.

De ces quatre bataillons, les numéros 1, 2 et 4 se composaient presque exclusivement d'hommes qui habitaient les 1ᵉʳ, 9ᵉ et 16ᵉ arrondissements.

La guerre et l'investissement de Paris changèrent complétement l'état des choses.

Des dispositions nouvelles furent prises par le gouvernement, qui décréta une nouvelle organisation.

Aux termes des circulaires des 8 et 9 août 1870, deux registres spéciaux furent ouverts dans chaque mairie, l'un pour l'inscription des hommes au-dessous de 30 ans, l'autre pour l'inscription des hommes de 30 à 40 ans.

Aux termes de la loi du 12 août 1870, la garde nationale sédentaire fut placée sous l'autorité du maire.

Les quatre bataillons anciens du 8ᵉ arrondissement restèrent tels qu'ils étaient.

Mais pour les bataillons en formation, de nouvelles inscriptions furent faites; la liste nominative fut remise au maire, et ces inscriptions servirent à former les 69ᵉ, 71ᵉ, 221ᵉ et 260ᵉ bataillons, ce qui fit un total de huit bataillons.

Le dernier prit le titre de bataillon auxiliaire du génie, en exécution du décret du 6 octobre 1870; mais, n'ayant pu être armé, il servit seulement à exécuter des travaux de terrassement pour la défense de Paris.

Les élections des officiers, sous-officiers et conseils de famille eurent lieu sous la présidence du maire, assisté de deux assesseurs; ces élections se renouvelèrent fréquemment, par suite des révocations et des démissions d'officiers et de sous-officiers.

Les conseils de recensement et de révision avaient été suspendus pour les compagnies sédentaires, suivant une circulaire du 19 août 1870.

Les maires ont dû s'occuper de la réception et de la délivrance des objets d'équipement et d'habillement de toutes ces compagnies.

Une circulaire du 22 septembre 1870 chargeait spécialement les maires de viser et approuver les états de ces équipements et habillements, après en avoir vérifié l'exactitude.

Les mesures que nous venons de rappeler s'appliquaient spécialement à la garde nationale sédentaire.

On résolut, dans le commencement de novembre, de créer des compagnies de guerre.

Un décret du 8 novembre 1870 prescrivit qu'il serait distrait de chaque bataillon quatre compagnies d'hommes valides, dites *compagnies de guerre*. On forma les cadres d'officiers à l'élection, sous la présidence du maire, comme cela se pratiquait pour les autres compagnies.

L'intendance militaire pourvut à l'équipement et à l'habillement de ces nouvelles compagnies, ainsi qu'à leurs vivres de campagne.

En vertu des arrêtés des 11-12 septembre, 28 novembre 1870, l'indemnité de 1 fr. 50 allouée aux gardes nationaux, et celle de 75 centimes accordée à leurs femmes, tant pour les compagnies de guerre que pour les compagnies sédentaires, furent délivrées dans les mairies par un officier payeur.

On a remarqué souvent et avec raison que, pendant cette triste époque, on avait eu la consolation de ne constater à Paris ni crimes ni délits ; ajoutons qu'il eût été bien difficile de les prévenir ou de les réprimer, car les troupes et les gardes nationaux étaient presque chaque jour aux remparts ou hors des murs. Il était toutefois prudent d'organiser une police intérieure ; c'est ce qu'on fit presque partout.

Douze postes de volontaires, dits *gardes nationaux urbains*, furent formés et organisés dans le
8e arrondissement ; l'administration fournit le
chauffage, l'éclairage, l'armement et tout le maté-
riel nécessaire.

Enfin, on forma également, presque dans tous
les arrondissements, des compagnies de brancar-
diers.

Nous n'avons rien de plus à dire sur la garde
nationale.

Nous avons seulement voulu indiquer comment
les municipalités s'étaient trouvées transformées,
et comment le maire, tout à coup chargé de l'alimentation de ses administrés, était devenu en
même temps une sorte de chef militaire.

§ 6. — Logement des mobiles.

Le logement des mobiles a été pour les maires
une nouvelle difficulté administrative.

On fait ici allusion aux mobiles qui n'ont pu
trouver place directement chez l'habitant, par le
motif que le titulaire de l'appartement était absent,
et qu'en son absence il y avait eu, de la part des
gérants ou des concierges, refus absolu de logement.

Dans ces circonstances, nous fûmes obligés de
loger les mobiles dans divers hôtels garnis de
l'arrondissement aux frais des absents.

On mit ceux-ci en demeure de rembourser

l'administration, qui elle-même avait eu à désin-
téresser les maîtres des logements et hôtels.

Quatre cent cinquante mobiles environ ont été
ainsi logés par nos soins dans le 8ᵉ arrondissement.

La durée de leur séjour fut en moyenne de
trente jours.

§ 7. — **Comptabilité.**

Nous venons de rendre compte sommairement
des divers services qui ont, pendant le siége de
Paris, constitué l'administration municipale entièrement nouvelle et exceptionnelle du 8ᵉ arrondissement.

Compliquée par le nombre et la variété des
services, cette administration l'était également
par les comptabilités.

On ne parle pas ici du budget ordinaire, celui
que comporte le fonctionnement normal de la
municipalité et qui a suivi son cours habituel.

On fait seulement allusion aux comptabilités
nouvelles et spéciales qu'il a fallu improviser :

Comptabilité très-compliquée avec le ministère
du commerce et avec le syndicat des bouchers
pour le service si important de la boucherie ;
comptabilité avec la ville de Paris pour le service
de la boulangerie ; puis, à côté et en dehors de
ces comptabilités particulières, il a fallu en créer

5.

plusieurs autres, afin de pourvoir à ces diverses mesures exceptionnelles pour l'exécution desquelles on avait recours aux municipalités.

Pour dresser l'état de ces comptabilités distinctement et sans qu'il y eût confusion avec le budget municipal ordinaire, on ouvrit sur le Grand-Livre des comptes spéciaux, dont voici l'indication, qui servira à faire comprendre la nature des services auxquels ces divers comptes s'appliquaient :

1° *Indemnité de route aux soldats rappelés sous les drapeaux.* — Ce compte n'a existé que depuis le 14 août 1870 jusqu'au 31 du même mois. Il s'est arrêté à cette dernière date, à cause de son objet même, dont le but était atteint.

2° *Garde nationale sédentaire; budget extraordinaire de la ville de Paris.* (Décret du 12 septembre 1870.) — Il s'agit ici de la solde de 1 fr. 50, etc. Ce compte a été ouvert à la mairie le 12 septembre 1870, et il a été continué seulement jusqu'au 5 octobre 1870. A dater de cette époque, on a installé dans chaque mairie un employé spécial du ministère des finances, qui a été chargé de pourvoir directement à ce service.

3° *Indemnités des jeunes soldats de la réserve et des gardes mobiles sous les drapeaux.* — Ce compte a été ouvert le 16 août 1870 et a duré jusqu'après les événements.

4° *Dépenses générales de la guerre.* — Dans ce chapitre général, on a porté les dépenses multiples qui ne se rattachaient à aucune des catégories ci-dessus formulées.

Tel est l'ensemble des services qui ont constitué l'administration municipale exceptionnelle pendant le siége de Paris.

Nous n'avons pas entrepris, nous le répétons, de décrire dans tous leurs détails l'organisation et la mise en œuvre de ces services improvisés sous le coup d'une nécessité impérieuse. Les loisirs et les matériaux nous manquaient pour remplir une pareille tâche; nous avons essayé seulement, en recueillant nos souvenirs et en mettant à profit quelques notes qui nous ont été obligeamment fournies, d'esquisser la physionomie d'une municipalité et d'un arrondissement parisiens pendant le siége et l'investissement.

Nous examinerons dans le chapitre suivant le fonctionnement à la même époque des services ordinaires.

CHAPITRE II

Administration municipale appliquée aux services ordinaires.

Nous avons voulu parler d'abord des services nouveaux improvisés d'urgence, soit au moment de l'investissement de Paris, soit pendant le cours du siége et sous l'empire des nécessités du jour.

Pour rester fidèle à notre programme, nous allons dire maintenant, d'une manière sommaire, ce qu'ont été pendant la même période les services qui constituent en temps ordinaire l'administration municipale.

§ 1. — Bureau de bienfaisance.

Il est bon de rappeler ici quels services multiples rendent chaque année dans Paris les bureaux de bienfaisance, et nous nous servons avec intention du mot multiples, parce qu'on croit généralement que le bureau de bienfaisance est simplement un distributeur d'aumônes ; son but est tout autre.

Les hommes dévoués qui le composent distribuent des secours en argent et en nature, c'est-à-dire en pain, en viande, en combustible ; et ces derniers ne sont pas les moins efficaces. Ils vont voir eux-mêmes les pauvres et les malades, ils font de fréquentes et périodiques visites aux familles indigentes, constatent la réalité de la misère, apprécient la nature du secours qu'il est opportun de donner, et, par ces relations directes, par ce contact fréquent, par cette sollicitude toute personnelle, ils relèvent le prix du bienfait pour les malheureux qui se trouvent réduits à recourir à la charité publique.

Le bureau de bienfaisance, dans chaque arrondissement, est alimenté par une double source :

1° Les fonds que lui alloue annuellement l'administration de l'assistance publique ;

2° Les fonds que lui confie la charité privée pour compléter son budget et le mettre en état de subvenir à ses innombrables charges.

Le bureau de bienfaisance se compose :

Du maire et des adjoints qui, de droit, en font partie ;

De douze administrateurs ;

Et d'un secrétaire-trésorier.

Des employés sont attachés au bureau.

Les conditions dans lesquelles les bureaux de bienfaisance ont fonctionné pendant le siége de Paris ont été nécessairement tout autres que celles qui se présentent en temps ordinaire.

De là certaines différences à observer.

Nous mettons sous les yeux de nos lecteurs un tableau comparatif de ce qu'a été le bureau de bienfaisance du 8ᵉ arrondissement à deux époques :

Celle d'août 1869 à mars 1870 ;

Celle d'août 1870 à mars 1871.

C'est-à-dire en prenant, comme éléments de comparaison, le même nombre de mois et les mêmes mois de l'année.

TABLEAU comparatif des dépenses du **Bureau de bienfaisance** du 8e arrondissement pendant les périodes d'août 1869 à mars 1870, et d'août 1870 à mars 1871.

	Août 1869 à Mars 1870	Août 1870 à Mars 1871	Observations.
Services des indigents.			
Ménages inscrits au bureau.	849	935	
Bon de 1 kilogramme de pain. . . .	48.135	52.551	
Bon de 1 franc de viande.	6.300	2.735	
Dépense en combustible.	6.400 f	7.701 f	
Bons de fourneaux (145.432, à 0,05). . .			Y compris 752 bons de 5 fr. donnés par M. R. Wallace.
Secours en argent	25.539 04	30.889 55	Y compris 18,100 bons donnés par le même.
Services des malades.			
Nombre des malades.	487	1152	
Secours aux malades { en pain, viande, combustible, etc.	2296 40	1.814 90	
{ en argent. . . .	1.392 f	1.725 f	
Nombre des femmes accouchées . . .	30	121	
Secours aux accou- { en nature . . .	733 70	1.374 70	
chées { en argent	251 f	363 f	
Consultations (leur nombre).	3.910	4.986	

L'examen de ce tableau donne lieu à quelques observations.

On voit que le nombre des ménages inscrits au bureau a été, d'août 1870 à mars 1871, de 935 au lieu de 849. Cette augmentation n'a rien de surprenant. Elle s'explique par les événements eux-mêmes, et elle aurait été bien plus considérable si la charité privée ne s'était pas exercée à Paris, à cette époque, dans la mesure que nous connaissons.

Les bons de pain sont de 1 kilogramme; ils proviennent à chaque bureau de bienfaisance de deux sources :

1° De l'assistance publique qui lui en remet une partie;

2° Du bureau de bienfaisance lui-même, qui en crée sur ses ressources intérieures.

Le 8ᵉ arrondissement en a distribué, comme on vient de le voir, 52,551 de août 1870 à mars 1871, tandis qu'un an auparavant, pendant la période correspondante, il en avait distribué seulement 48,135; il y a donc eu une augmentation de plus de 4,000 bons; mais cette augmentation, quoique importante assurément, eût été bien autre si la charité privée n'avait pas fait directement de grands efforts, et ces efforts ont pu se produire utilement et très-longtemps, parce que le rationnement du pain n'a eu lieu que dans le courant de janvier 1871.

Le rationnement a produit pour la viande le résultat inverse, les bons de 1 fr. de viande que le bureau a distribués n'ont été créés que par lui.

D'août 1869 à mars 1870, le bureau en avait donné 6,300.

D'août 1870 à mars 1871 il n'en a pu distribuer que 2,735 à cause des mesures dont la viande avait été promptement l'objet, notamment du rationnement établi presque au début du siége; mais nous montrerons au chapitre III tout ce qui a été fait par les particuliers pour seconder le bureau de bienfaisance, principalement à l'aide des fourneaux économiques et des cantines municipales.

L'assistance publique n'alloue au bureau du 8ᵉ arrondissement que 450 fr. environ par an pour son concours à la dépense du combustible, dont tout le surplus est pris sur le service du bureau.

En 1869-1870, le bureau en a distribué pour 6,400 fr.

En 1870-1871, l'hiver a été si dur et le bois si rare et si cher par suite de l'investissement, que le bureau semblait ne pouvoir faire autant que de coutume, et cependant il a fait plus, grâce à la générosité de M. Richard Wallace.

Ce nom ne peut se rencontrer sous notre plume sans être l'objet d'une mention toute particulière. On sait, en effet, que M. Richard Wallace a été

pour les Parisiens, pendant le siége, une véritable
providence; il a multiplié ses dons et ses bien-
faits sous des formes diverses, et la ville de Paris
conservera toujours pour lui la plus vive grati-
tude.

Les secours en argent distribués par le bureau
de bienfaisance se sont élevés, comme on l'a vu
plus haut, pour notre arrondissement, à 30,889 fr.
55 cent. Ils ont donc excédé d'environ 5,300 fr.
la distribution de même nature qui avait eu lieu
pendant la période correspondante d'août 1869 à
mars 1870.

On trouvera tout d'abord que cet excédant est
peu de chose, et on en sera peut-être surpris;
mais il y a une explication toute naturelle
de ce fait : toutes les conditions ordinaires
étaient modifiées; un grand nombre d'hommes
qui sont obligés parfois de recourir au bureau de
bienfaisance se trouvaient enrôlés dans la garde
nationale et y recevaient la solde de 1 fr. 50 par
jour (les femmes en recevaient une autre de
0 fr. 75); enfin, nous aurons la satisfaction de
montrer dans le chapitre III tout ce que la charité
privée a fait directement au profit des indigents
pendant cette triste période, en sorte que l'excédant de 5,300 fr. n'a été qu'un des appoints
nombreux des secours par lesquels on a soulagé
la misère.

Le second paragraphe du tableau a pour objet

de rendre compte du service des malades ; nous avons peu de chose à en dire ; on n'a pas lieu d'être surpris de voir que les malades secourus par le bureau de bienfaisance ont été, pendant la période du siége, au nombre de 1,152 au lieu de 487 ; il suffit de se rappeler dans quelle proportion effrayante la mortalité s'était accrue, et encore le 8ᵉ arrondissement était-il un des moins éprouvés.

Les secours donnés en nature aux malades ont été, au contraire, inférieurs à ce qu'ils sont en temps ordinaire. Ainsi, le bureau de bienfaisance en a distribué pour 1,814 fr. 90 cent., tandis que pendant la période de comparaison 'on en avait distribué pour 2,296 fr. 40 cent.; cela tient à ce que le bureau de bienfaisance a subi pour sa part les conséquences du rationnement.

Il n'a pu avoir à sa disposition aussi facilement qu'à une époque normale la viande, le pain et le combustible; mais on peut se rassurer, les malades n'en ont pas souffert, pas plus que les indigents et les nécessiteux non malades : les bons de fourneaux économiques et de cantines municipales, distribués au prix le plus modique et souvent gratuitement, ont largement pourvu à tous les besoins.

Le nombre des femmes accouchées qui ont été secourues, toujours pendant la même période, par notre bureau de bienfaisance, a été de 121 au lieu de 30, à cause du nombre considérable de réfugiés, venant de la banlieue ou des départements de Seine-et-Oise et de Seine-et-Marne, auxquels nous avions donné asile.

Par la même raison, ces secours ont naturellement dépassé la proportion précédente; enfin, par le même motif aussi, le bureau de bienfaisance a fait donner gratuitement 4,986 consultations au lieu de 3,910.

§ 2. — Écoles.

Il existe dans chacune des mairies de Paris un bureau spécial appelé *bureau de l'instruction .publique*, qui a pour objet :

Le service des établissements scolaires communaux;

La rédaction des délibérations de la délégation cantonale;

Les examens des aspirants aux bourses d'apprentissage, la rédaction des contrats et la préparation des rapports à la fin de l'apprentissage;

Les congés des instituteurs et institutrices;

Les certificats d'exercice des suppléants et suppléantes, et des directeurs et directrices des établissements scolaires subventionnés;

L'admission des enfants dans les écoles et salles d'asile communales;

Les renseignements sur les candidats aux écoles

supérieures du gouvernement et aux divers legs dont les bénéficiaires sont à la nomination du conseil municipal.

Cette énumération dispense de tout commentaire et suffit à faire comprendre l'importance de ce bureau.

Pendant le siége, plusieurs des services qui le composent ont nécessairement cessé de fonctionner; les écoles seules ont été ouvertes, comme par le passé, mais avec une augmentation de personnel qu'il est intéressant de constater comme nous venons de le faire pour le bureau de bienfaisance, c'est-à-dire par un tableau comparatif.

NATURE ET SITUATION des ÉTABLISSEMENTS SCOLAIRES COMMUNAUX		Nombre d'admissions		Nombre d'admissions du 1er 7bre 1870 au 1er mars 71 excédant le nombre de la même période de 1869 à 1870.	Nombre d'admissions en déficit.
		Du 1er 7bre 1869 au 1er mars 70.	Du 1er 7bre 1870 au 1er mars 1871		
ÉCOLE DE GARÇONS	*Laïques.* Rue de la Bienfaisance, 14. Rue du Faub.-S.-Honoré, 154.	45 96	234 350	189 254	
	Congréganistes. Rue de Florence, 7. Rue Malesherbes, 24.	45 73	116 341	71 268	
	Protestantes. Rue des Écuries d'Artois, 39. Rue d'Astorg, 14.	17 8	31 15	14 7	
ÉCOLES DE FILLES	*Laïques.* Rue du Faub.-S.-Honoré, 154.	70	231	161	
	Congréganistes. Rue de Suresnes, 18 Rue de Monceau, 15. Rue Malesherbes, 22.	43 79 101	217 283 428	174 204 327	
	Protestantes. Rue des Écurie-d'Artois, 39. Rue d'Astorg, 14.	10 29	26 23	16 »	6
ASILES	*Laïques.* Rue de Ponthieu, 47.	49	184	135	
	Congréganistes. Rue Malesherbes, 22.	50	210	169	
		715	2698	1989 Déficit 6 ———— 1983	6

L'examen du tableau synoptique qui précède montre dans quelles proportions nos écoles ont été, pendant le siége, non pas seulement recherchées, mais encombrées.

La raison en est bien simple :

D'abord, comme nous avons eu l'occasion de le rappeler plus d'une fois, nous avions une population provenant de la banlieue et des départements limitrophes du nôtre.

Cette population complémentaire s'élevait à environ 30,000 personnes ; puisque l'arrondissement se chargeait de ce surcroît de population, il fallait bien qu'il se chargeât aussi des enfants.

En outre, les habitants même de l'arrondissement ne menaient, pas plus que les autres, leur existence habituelle et normale.

Le service de la garde nationale était, pour ainsi dire, permanent.

On montait fréquemment la garde aux remparts ; c'était une absence de 24 heures.

Puis, pour les bataillons de guerre, les absences étaient d'environ huit jours ; enfin, il y avait fréquemment des exercices le matin, pendant quelques heures. De là une désorganisation complète dans l'existence et dans les habitudes de la famille.

Sans doute, nos écoles ne pouvaient se charger absolument des enfants, puisqu'elles n'ont pas de pensionnaires ; mais le fait de recevoir les enfants depuis le matin jusqu'au soir constituait déjà un grand service rendu aux familles.

On ne sera donc pas surpris de voir que les admissions, qui avaient été de 715 pendant l'époque de comparaison, se sont élevées, pendant la période du siége, à 2,698.

Les enfants étaient chauffés et surveillés, quelquefois même on trouvait la possibilité de leur donner un petit repas. Les directeurs ou directrices des établissements laïques ou congréganistes rivalisaient de zèle pour en accueillir le plus grand nombre possible, et pour leur épargner les rigueurs et les privations que la faim et le froid imposaient si souvent à leurs parents.

§ 3. — État civil.

Poursuivant le cours de cette revue rétrospective, nous arrivons à l'état civil.

A cet égard, comme pour les autres services, le mieux est de procéder par comparaison avec l'époque correspondante de la précédente année.

HUITIÈME ARRONDISSEMENT

ÉTAT CIVIL

Tableau comparatif.

	Du 1er août 1869 au 1er mars 1870			Du 1er août 1870 au 1er mars 1871		
Naissances	Août	1869	114	Août	1870	136
	Septembre	1869	112	Septembre	1870	130
	Octobre	1869	128	Octobre	1870	189
	Novembre	1869	143	Novembre	1870	176
	Décembre	1869	118	Décembre	1870	164
	Janvier	1870	150	Janvier	1871	212
	Février	1870	161	Février	1871	159
			926			1166
Mariages	Août	1869	50	Août	1870	33
	Septembre	1869	54	Septembre	1870	14
	Octobre	1869	65	Octobre	1870	2
	Novembre	1869	52	Novembre	1870	15
	Décembre	1869	43	Décembre	1870	6
	Janvier	1870	53	Janvier	1871	20
	Février	1870	84	Février	1871	9
			401			99
Décès	Août	1869	137	Août	1870	165
	Septembre	1869	140	Septembre	1870	189
	Octobre	1869	152	Octobre	1870	368
	Novembre	1869	165	Novembre	1870	356
	Décembre	1869	182	Décembre	1870	553
	Janvier	1870	184	Janvier	1871	940
	Février	1870	193	Février	1871	766
			1,153			3,337

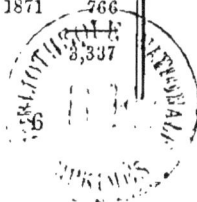

Le nombre des naissances ne pouvait pas être affecté par les événements.

Mais les mariages ne pouvaient certes pas se maintenir dans les conditions de leur moyenne ordinaire. Du 1er août 1870 au 1er mars 1871, nous avons eu à célébrer seulement 99 mariages, tandis que, pendant la période de comparaison, nos prédécesseurs en avaient célébré 401.

Enfin, la plus triste constatation est celle qui est relative aux décès. Du 1er août 1870 au 1er mars 1871, nos bureaux ont eu à enregistrer 3,337 décès, tandis que, pendant la période de comparaison, on en avait constaté seulement 1,153, et notre arrondissement n'est pas de ceux qui ont été le plus éprouvés.

Tels ont été, pendant le siége de Paris, les services ordinaires qui rentrent dans les attributions normales de la municipalité.

Nous ne parlons, bien entendu, que de ce qui constitue, à proprement parler, un service, et non de tous ces détails et incidents dont les municipalités peuvent avoir à s'occuper en dehors des services réglementaires.

CHAPITRE III

Services complémentaires d'aide et d'assistance qui ont été établis dans le 8ᵉ arrondissement pendant le siége de Paris avec le concours de l'initiative individuelle.

Les chapitres 1ᵉʳ et IIᵉ de ce travail ont été consacrés à une analyse des divers services qui ont, pendant le siége de Paris, constitué l'administration municipale du 8ᵉ arrondissement, soit comme services exceptionnels, soit comme services ordinaires.

Nous voulons présenter ici un compte rendu sommaire des services qui ont été créés et administrés par la municipalité à titre officieux, grâce à la générosité de nombreux habitants de l'arrondissement. Au milieu des épreuves cruelles que nous subissions, les misères de toute nature qui naissaient de l'état de guerre, et en particulier de l'investissement complet de la capitale, étaient l'objet des préoccupations générales.

Le gouvernement et le pouvoir municipal, abandonnés à eux-mêmes, ne pouvaient les conjurer avec une efficacité suffisante.

Des habitants du 8ᵉ arrondissement, en grand nombre, désireux de venir en aide à leurs concitoyens et cherchant officieusement avec les membres de la municipalité le moyen d'y parvenir, estimèrent que le mieux était d'exciter l'initiative individuelle et de la rendre aussi productive que possible en lui créant un budget spécial pendant la durée de la guerre.

L'arrondissement est, comme on sait, divisé en quatre quartiers; chacun de ces quartiers avait été subdivisé en sections, et à la tête de chacune de ces sections se trouvait placé un de nos commissaires enquêteurs, qui lui-même se faisait aider par d'autres personnes.

A l'aide de cette subdivision, on parcourait chaque rue, on se présentait dans chaque maison, à chaque étage, et on sollicitait soit une promesse de cotisation mensuelle, soit une remise de fonds une fois versés.

Pour éviter les abus, chaque commissaire ou sous-commissaire était porteur d'un carnet revêtu du cachet de la mairie, sur lequel le visiteur prenait ses notes. Puis, on avait ouvert à la mairie des registres à souches dont on détachait les reçus, qui étaient donnés à chacun, soit contre payement des fonds une fois versés, soit en échange du versement mensuel.

Il est inutile d'entrer dans de plus grands détails.

Ce court exposé suffit pour faire comprendre l'extrême simplicité du mécanisme et comment on put arriver facilement à des résultats considérables.

Nous ne dirons jamais assez avec quel empressement généreux on répondit à notre appel, nous ne saurions quels termes employer pour exprimer notre reconnaissance à tous ceux qui ont si libéralement donné souvent ce qu'ils n'avaient pas (on empruntait afin de pouvoir nous donner), et surtout à ces hommes si dévoués qui avaient accepté les fonctions de délégués et qui, chaque jour, au prix des plus grandes fatigues, parcouraient notre territoire pour remplir leur tâche.

Les donateurs ont fait leurs versements ou pris leurs engagements, soit en affectant à leurs fonds une destination spéciale, soit en laissant la municipalité maîtresse de les employer au mieux des besoins à satisfaire.

§ 1. — Ambulances.

La municipalité n'a pas créé d'ambulances. D'abord il existait quelques ambulances officielles

6.

administratives; puis de nombreux particuliers avaient, dans tout Paris, dès le commencement du siége, créé chez eux, à leurs frais, des ambulances privées, dont quelques-unes avaient une réelle importance; aussi n'ont-elles jamais formé un service direct et administratif.

Elles ont été constituées spontanément par l'initiative privée, et dirigées conformément à des instructions et règlements successifs, émanés des autorités civiles et militaires.

La mairie a été l'intermédiaire entre les créateurs de ces ambulances et les administrations supérieures, soit pour recevoir les déclarations et transmettre les instructions, soit pour fournir les approvisionnements, soit pour organiser le service médical sous la surveillance municipale.

On n'eut rien à donner non plus à ces créations privées, pas plus sur les cotisations que nos donateurs s'étaient imposées que sur les fonds municipaux, car les organisateurs tenaient à honneur de faire face aux dépenses principales.

Toutefois, le service des ambulances pouvait laisser naturellement des lacunes dont les événements seuls étaient responsables; les fonds reçus par nous dans les conditions que nous venons d'expliquer ont été précisément employés, en partie du moins, à ces insuffisances de détail, aux secours accessoires, en un mot à tout ce qui pouvait manquer aux ambulances privées.

Ces secours ont consisté, par exemple, en acquisitions de linge, de vins, de combustible et objets divers.

Cependant, dans une circonstance particulière, nous avons fait plus, nous avons, avec nos fonds particuliers, participé à la création et à l'entretien de l'ambulance municipale de Saint-Augustin, établie avec le concours de généreux habitants du quartier, sous la direction de M. l'abbé Langénieux, alors curé de cette paroisse, depuis évêque de Tarbes et aujourd'hui archevêque de Reims.

Il avait été créé dans le 8° arrondissement vingt-trois ambulances privées. Elles représentaient cent soixante lits consacrés aux blessés; ceux qui n'avaient été frappés que légèrement étaient licenciés après guérison, faisaient places à d'autres, et facilitaient ainsi une sorte de roulement.

Les fonds particuliers ont donc permis de donner à quelques-unes de ces ambulances de précieuses ressources complémentaires.

§ 2. — Cantines ou Fourneaux économiques.

Les fourneaux économiques sont d'institution déjà ancienne, et ils fonctionnent depuis longtemps dans Paris et dans d'autres villes encore.

Mais, en présence des événements qui se produisaient, du manque de travail, de l'absence de toutes les ressources ordinaires, ces fourneaux étaient manifestement insuffisants ; il était urgent d'en augmenter le nombre, ou de créer des établissements analogues sous le nom de cantines.

Une partie importante de nos fonds particuliers y fut consacrée.

Rappelons d'abord ce qui existait déjà dans notre arrondissement.

FOURNEAUX ÉCONOMIQUES

Dirigés par les Sœurs.

A. *Rue Monceaux*, 15.

Ce fourneau avait été établi par les soins de l'administration de l'Assistance publique.

Les bons présentés à ce fourneau étaient exclusivement gratuits, ils étaient délivrés par l'Assistance publique, par la ville de Paris et par le ministère de l'intérieur.

Mais les sœurs délivraient en outre des portions contre argent ; le prix en avait été fixé à cinq centimes chacune.

Le fourneau de la rue Monceaux débitait par jour environ 2,000 portions, soit contre des bons, soit contre argent.

B. *Rue de Suresnes*, 18.

Ce fourneau avait aussi été établi par les soins de l'administration de l'Assistance publique.

Les bons présentés étaient de la même nature que les précédents.

Les sœurs délivraient de même des portions contre argent au prix de cinq centimes.

Le débit quotidien de ce fourneau était d'environ dix-sept cents portions distribuées contre des bons ou contre argent.

C. *Rue Malesherbes*, 22.

Etabli par le concours de la Société philanthropique et de M. l'abbé Langénieux, ce fourneau recevait des bons de l'Assistance publique, des bons de M. le curé et des bons de la paroisse Saint-Augustin ; il en recevait également du ministère de l'intérieur.

Ces derniers étaient de dix centimes, et la ville de Paris les remboursait au fourneau.

Il débitait par jour environ 1,500 rations contre bons ou contre argent.

Voici le spécimen de ces bons :

Ville de Paris.

—

FOURNEAUX ÉCONOMIQUES

—

Bon

Pour une portion.

PAROISSE

DE

SAINT-AUGUSTIN

—

Bon

Pour une portion à prendre dans un des fourneaux de Paris.

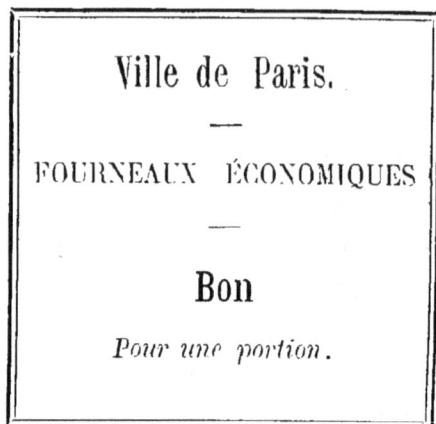

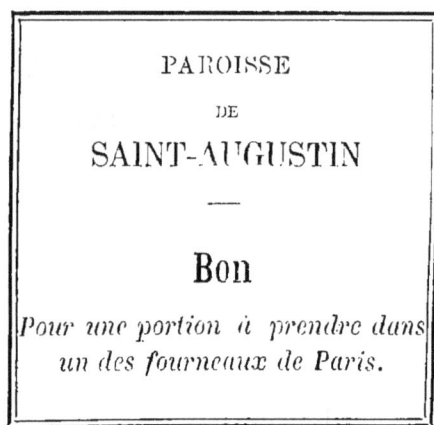

D. *Rue François Ier.*

M✱✱✱ avait créé avec le concours d'un certain nombre de ses amis un fourneau, rue François Ier. Ce fourneau, géré et administré par les ordres et les soins des fondateurs, débitait par jour environ 1,400 rations.

E. CANTINES DE LA GARDE NATIONALE.

Il existait encore dans l'arrondissement des cantines ayant un objet spécial; elles avaient été créées par des conseils de famille de la garde-nationale :

1° La cantine du 4ᵉ bataillon, rue de Lisbonne, créée par les soins de M *** et autres, débitait par jour environ 224 rations.

Les bons de cet établissement donnaient droit à un litre de bouillon et à une part de viande et légumes; les bons valaient 20 centimes. On ne donnait rien gratuitement. Chaque porteur de bon *payait les* 20 *centimes* ;

2° Une cantine de famille du 71ᵉ bataillon, créée par les soins de M *** et autres rue de la Pépinière, débitait par jour environ 160 rations.

CANTINES MUNICIPALES.

Il fut créé au mois d'octobre 1870, dans le 8ᵉ arrondissement, à titre provisoire, des cantines municipales destinées à concourir avec les établissements charitables énumérés plus haut au soulagement des classes nécessiteuses.

On pourvut aux frais de cette création et à son fonctionnement, non pas sur le budget ordinaire

de la municipalité, mais sur les dons extraordinaires versés par les habitants de l'arrondissement dans les conditions que nous venons d'indiquer.

Ces cantines pouvaient être assimilées, quant
à leur objet, aux *fourneaux économiques* qui exis-
taient déjà dans l'arrondissement.

Elles étaient au nombre de quatre :

1° Cantine rue Pasquier, 38 ;
   Elle débitait par jour environ 520 rations.
2° Cantine, rue de Rome, n° 51, — 560 rations ;
3° Cantine, rue d'Albe, n° 10, — 520 rations.
4° Cantine, rue Montaigne, n° 13, — 540 rations.

CANTINE DU BOULEVARD MALESHERBES.

Cette cantine n'avait pas le même caractère que
les précédentes. Créée par les soins de M *** directeur de la fabrique de cartouches, elle avait eu
spécialement pour objet d'assurer l'alimentation
des femmes qui venaient chaque matin des
points de Paris les plus éloignés pour travailler à
cette fabrication.

Nous nous étions mis en rapport avec M ***, et
celui-ci avait consenti à recevoir les porteurs de
bons délivrés par la mairie jusqu'à concurrence
du chiffre de 1,000 rations par jour.

Il n'est pas sans intérêt de mentionner ici à
titre de renseignement quelques chiffres em-

pruntés à l'excellente administration de M. ***
.Les frais d'installation s'étaient élevés à 871 fr.
65 cent.

La partie de l'exploitation de cette cantine qui
concernait les porteurs de bons dé la mairie avait
donné les résultats suivants pour une période de
quinze jours :

1° M *** avait en 15 jours reçu en
argent des porteurs de bons pour
6,782 et demie rations à 10 cent.....   678 25

2° Il avait reçu des bons gratuits
pour les porteurs, mais remboursables
par la mairie au nombre de 2,943   294 30

Soit, en totalité, 9,725 et demie
rations qui avaient été débitées par
lui contre espèces. . . . .

Total. . . .   972 55

Les dépenses d'exploitation s'é-
taient élevées pendant cette même
quinzaine à. 1,367 45

Différence. 394 90

Cette perte se traduisait ainsi :

16 francs par jour environ.

Soit 2 centimes sur 9,725 rations.

Si l'on résume le débit quotidien de chacun

de ces établissements, on constate que la moyenne s'établit de la manière suivante :

1° Fourneau rue Monceaux.		2,000
2° — rue de Suresnes. . . .		1,700
3° — rue Malesherbes. . . .		1,500
4° — rue François 1ᵉʳ. . . .		1,400
5° Cantine rue de Lisbonne.		224
6° — rue de la Pépinière. . . .		160
7° — rue Pasquier.		520
8° — rue de Rome.		560
9° — rue d'Albe.		520
10° — rue Montaigne.		540
11° — boulevard Malesherbes		1,000

Total approximatif du débit quotidien de ces onze établissements. *Dix mille cent vingt-quatre rations, ci...* 10,124

Nous venons d'entrer dans quelques explications relativement aux fourneaux économiques et aux cantines, parce qu'il s'agit ici de l'institution charitable peut-être la plus bienfaisante de Paris; on l'a conservée avec raison en temps ordinaire, mais elle pourrait être plus largement pratiquée.

Il ne s'agirait pas, bien entendu, de confier un service de cette nature aux municipalités. Ceci n'a pu se produire qu'accidentellement et par le fait des événements, mais la charité privée, inépuisable en France, pourrait encore développer ce mode d'assistance.

Qu'on nous permette d'indiquer à ceux qui auraient la pensée de fonder des fourneaux économiques ou des cantines les résultats de notre expérience.

Nous prenons comme spécimen le mois de novembre 1870.

Dépenses courantes des quatre cantines du 8ᵉ arrondissement, rue Pasquier, rue d'Albe, rue de Rome, rue Montaigne.

NOVEMBRE 1870.

4 cuisinières à 60 fr. par mois	240	»	
4 — à 40 fr.	160	»	
4 contrôleurs à 1 fr. 50 par jour	180	»	745 »
1 pourvoyeur à 3 fr. 50 par jour.	105	»	
1 homme de peine à 2 fr.	60	»	
Quelques dépenses accessoires pour les gens de service.	12	»	
Vin, 1 fr. par jour par fourneau.	120	»	253 50
Pain.	121	50	
Dépense pour le personnel de quatre cantines pendant un mois.			998 50
Viande (consommation du mois).	4,863	55	
Riz, pommes de terre, etc., *id.*	793	60	
Combustibles et divers accessoires *id.*	266	50	6,407 90
Condiments divers, *id.*	464	25	
Usure du matériel et frais divers, *id.*	20	»	
Total des dépenses faites pendant un mois pour les quatre cantines.			7,406 40

Soit par jour 246 fr. 88 c.

Portions fournies pendant le même mois de
novembre 1870:

Par le fourneau rue de Rome, 51   17.343 ⎫
      —   rue Pasquier, 38   15.348 ⎪ 64 243 00
      —   rue d'Albe, 10   16.799 ⎪
      —   rue Montaigne, 13   14.751 ⎭

7.406 40 : 64.243 = 0 fr. 11 c. 5, prix de revient
de la portion.

On voit que les quatre cantines créées directement par les soins de la municipalité avec des fonds
particuliers ont débité pendant un mois 64,243
rations qui ont coûté 7,406 fr. 40 c. et que le prix
de revient de la portion a été de 11 centimes environ.

Même en la débitant au prix coûtant, on ren-
drait encore aux nécessiteux un bien grand service.

Malgré toutes les précautions prises, on eut
parfois à regretter des abus à l'occasion des bons
de fourneaux et de cantines.

Ces abus étaient de diverse nature :

D'une part, les bons étaient distribués avec un
contrôle insuffisant et il en résultait souvent un
double emploi.

D'autre part, les bons étaient remis fréquemment soit à des réfugiés dont on ne pouvait
constater ni l'identité, ni le besoin réel, soit
à des habitants des autres arrondissements,
alors que les cantines avaient été créées spéciale-

ment pour la classe nécessiteuse du 8ᵉ arrondissement.

Cette insuffisance du contrôle était la conséquence inévitable d'une organisation improvisée.

Voici — l'expérience pouvant servir — à quel remède on avait songé pour le cas où la situation se fût prolongée :

Faire procéder à des enquêtes préalables ;

Affecter chaque fourneau au quartier dans lequel il se trouvait placé.

Faire choix dans chaque quartier de visiteurs enquêteurs chargés d'aller aux informations et de faire un rapport.

Lorsqu'un solliciteur se serait présenté à la mairie, on l'aurait renvoyé à un rapporteur habitant le quartier, en lui remettant une note dont nous donnons ici la formule.

VIIIe ARRONDISSEMENT

MAIRIE

Rue d'Anjou-S.-Honoré, 11.

CANTINES MUNICIPALES

RAPPORTEUR :

M.

rue

Notes sur le réclamant

Noms.. . . . .

Prénoms . . . .

Age . . . .

Profession? . . . .

Demeure.. . . . .

Est-il marié? . . . .

Enfants?. . . . .

Leurs noms. . . . .

Leur âge.. . . . .

Leurs dispositions pour le
   travail. . . . .

Quelles ressources?. . . .

Faut-il donner un livret?.

Pendant combien de temps
   peut-il provisoirement
   aller au fourneau? . . .

Combien faut-il lui donner
   de rations par jour? . .

Donné la présente note le

Faut-il supprimer le livret ?........
Ou le suspendre, et pour quel temps?
Faut-il le maintenir?............
Dans ce cas, pour combien de jours?
Et quel nombre de rations par jour?

Le

Faut-il supprimer le livret?........
Ou le suspendre, pour quel temps?
Faut-il le maintenir?............
Dans ce cas, pour combien de jours?
Et quel nombre de rations par jour?

Le

Faut-il supprimer le livret ? ....
Ou le suspendre, et pour quel temps?
Faut-il le maintenir?............
Dans ce cas, pour combien de jours?
Et quel nombre de rations par jour?

Le

Faut-il supprimer le livret?........
Ou le suspendre, et pour quel temps?
Faut-il le maintenir? ....
Dans ce cas pour combien de jours?
Et quel nombre de rations par jours?

Le

Sur cette note contenant les éléments d'une enquête complète, la mairie aurait remis un livret ; on avait également préparé à l'avance la formule de ce livret pour le cas où, le siége se prolongeant, il eût été utile de mettre en pratique ce nouveau système.

VIIIᵉ ARRONDISSEMENT

Mairie rue d'Anjou-Saint-Honoré, nº 11.

Livret de Cantine municipale

Nom du titulaire et des membres de sa famille	Prénoms.	Age.	Profession.

Demeure. . . . .
Cantine à laquelle ce livret
   donne accès. . . . . . .
Heure de la cantine . . . .

Valable du   au
pour   rations par jour.

Valable du   au
pour   rations par jour.

Valable du   au
pour   rations par jour.

Valable du   au
pour   rations par jour.

Lorsque le laps de temps indiqué sur le livret, après la première visite, aurait été écoulé, le visiteur serait allé voir le réclamant et sa famille, et aurait mentionné sur le livret :

Ou bien qu'il y avait lieu de lui donner accès au fourneau pour une autre période de temps,

Ou bien qu'il y avait lieu de surseoir à tout secours d'aliments pendant un certain temps,

Ou enfin qu'il y avait lieu de retirer le livret.

Il nous a semblé utile de mentionner, avec quelques détails, ces faits et ces observations pratiques ; car les services que les fourneaux et les cantines ont rendus pendant le siége, malgré les difficultés du moment, sont les meilleures garanties de ceux qu'ils pouraient rendre en temps ordinaire.

Parmi toutes les mesures propres à lutter contre la misère, nous n'en connaissons pas de plus efficace.

Pourrait-on établir utilement partout ou du moins dans tous les centres de population des fourneaux ou cantines ?

Devraient-ils être gratuits ? Ces questions comporteraient une étude spéciale et nous feraient sortir du cadre de ce travail. Nous nous bornerons à une simple réflexion.

Autant il serait naturel de développer ce qui existe déjà et de faire des distributions gratuites dans certaines circonstances, autant il serait anormal et contraire à une bonne organisation sociale

7.

qu'une partie de la population nourrît l'autre gratuitement sans lui demander aucun travail en échange.

Avons-nous besoin de dire que ce fait érigé en système serait une cause active de démoralisation pour la classe ouvrière? Il faut que le travailleur s'habitue avant tout à compter sur lui-même et qu'il mette sa dignité et son honneur à ne devoir qu'à ses propres efforts ses moyens d'existence et ceux de sa famille.

Mais, tout en évitant soigneusement d'affaiblir l'énergie des mobiles qui le poussent au travail et à l'épargne, une sollicitude bienveillante peut lui venir en aide quand l'insuffisance du travail et l'avilissement du salaire rendent sa situation difficile et précaire.

Dans ces circonstances, les secours en nature peuvent être multipliés sans inconvénient et avec une efficacité sérieuse.

Combien de misères poignantes sont déjà adoucies par d'intelligentes et opportunes distributions de vêtements et de combustible!

·Aucun mode d'assistance ne nous paraît mériter mieux d'être recommandé à l'active et ingénieuse charité des Parisiens, et c'est pourquoi nous avons cru devoir insister sur les services qu'ont rendus dans une situation exceptionnelle et que peuvent rendre encore les cantines et les fourneaux économiques.

§ 3. — **Lingerie municipale.**

Il existait déjà dans Paris une association qui avait pour objet de recueillir des fonds spécialement affectés à la distribution de vêtements.

Il nous sembla qu'il y avait là le germe d'une institution tout à fait utile, et qui, recevant un juste développement, pouvait rendre de grands services.

Ce fut le point de départ de l'établissement dénommé *Lingerie municipale du 8° arrondissement, rue du Faubourg-Saint-Honoré, n° 23.*

Cet établissement fut entretenu par des dons en nature provenant des habitants de l'arrondissement et par des subventions périodiques prises sur la caisse des cotisations, ce qui a rendu possible l'interdiction dans le 8° arrondissement de toute quête d'argent à domicile, autre que celle dont nous rappelons en ce moment le but.

Ce travail n'est ni une reddition de compte, ni même un compte rendu, il résume simplement des souvenirs fixés sur le papier au moyen de quelques notes.

Il ne nous paraît donc pas nécessaire d'entrer ici dans des explications détaillées sur le mode de fonctionnement de la lingerie municipale.

Nous pouvons seulement donner, à titre de renseignement, les indications suivantes.

La lingerie municipale du 8ᵉ arrondissement a distribué gratuitement pendant le siége :

NATURE DES OBJETS	NOMBRE
Capelines.........................	160
Caracos...........................	300
Jupes.............................	300
Blouses d'enfants..................	105
Pantalons id......................	150
id. hommes....................	52
Paletots id.	45
Caleçons, tabliers, cache-nez, pelisses d'enfants et autres objets divers.....	300
Bas de femmes et d'enfants	230
Couvertures..	95
Matelas...........................	54
Sabots ⎫	
Chaussures ⎬ onze cents paires.......	1,100
Souliers ⎭	
Total des objets remis....	2,951

Ces objets ont été distribués aux nécessiteux, et, bien entendu, gratuitement.

Mais on avait en outre installé dans cette même lingerie un bureau *de prêt* d'objets divers, afin d'en faire profiter un plus grand nombre de personnes.

Les objets rapportés avec une scrupuleuse exactitude étaient lavés ou nettoyés, et ensuite remis à d'autres personnes, toujours à titre de prêt.

Nous avons ainsi prêté 205 paires de draps et 1,500 chemises d'hommes, de femmes et d'enfants.

§ 4. — **Mont-de-Piété.**

Pour répondre à la pensée qui avait inspiré nos donateurs, nous avons multiplié les formes sous lesquelles nous pouvions soulager la misère.

Nous avons pensé qu'un des moyens les plus propres à atteindre ce but serait de faciliter à la population indigente le dégagement des objets mis au mont-de-piété.

La rigueur de la saison rendait ce genre de service particulièrement précieux.

Seulement il y avait plus d'une difficulté à surmonter : pouvait-on confier directement les fonds destinés aux dégagements à ceux qu'il s'agissait d'assister et qui auraient pu les employer à un autre usage?

N'était-il pas indispensable aussi de se rendre compte de la situation de ceux qui se présentaient pour profiter de notre intervention et apprécier s'ils la méritaient?

Enfin ne fallait-il pas se mettre en garde contre une spéculation consistant à aller engager des effets pour se procurer une somme d'argent et venir ensuite les faire dégager par nous?

Nous fîmes d'abord avec le directeur de l'administration du mont-de-piété une convention en vertu de laquelle il voulut bien nous ouvrir un crédit.

Ceux qui se présentaient dans les magasins pour dégager leurs effets n'avaient qu'à donner à l'administration du mont-de-piété leur engagement visé par nous, et l'administration nous débitait de la somme prêtée.

Nous avions créé aussi un bureau spécial, et attaché à ce service des employés qui recevaient les demandes, causaient avec ceux qui sollicitaient notre aide et souvent allaient faire une sorte d'enquête locale.

Enfin, pour éviter la spéculation, nous ne dégagions que les objets engagés depuis un certain temps.

Malheureusement tous les documents relatifs au service des dégagements au mont-de-piété ont disparu lors de l'occupation illégale de la mairie ; mais nous croyons ne pas nous tromper en affirmant qu'il a été appliqué à ce service au moins dix à douze mille francs.

Ce chiffre pourra donner une idée du soulagement qui a été apporté par ce moyen à des souffrances que la rigueur de la température rendait intolérables.

§ 5. — Orphelinat, asiles, chauffage et charités extraordinaires.

Cet emploi des fonds qui nous avaient été versés ne comporte pas d'explication particulière,

Tantôt on a procuré un asile à des vieillards sans famille ou sans abri, ou à des enfants abandonnés, tantôt on est venu en aide au bureau de bienfaisance, tantôt on a fait des distributions de chauffage.

Nous avons déjà rappelé combien l'hiver 1870-1871 a été rigoureux : à compter du mois d'octobre le secours en combustible constituait une nécessité de premier ordre ; il a été possible à la municipalité, grâce aux ressources provenant de ses donateurs, de se procurer du combustible et d'en faire débiter au profit des malheureux dans deux dépôts spéciaux que la mairie avait fait installer et dont elle dirigeait le fonctionnement.

Voici le spécimen des bons de combustible :

MAIRIE DU VIIIe ARRONDISSEMENT

Bon pour 20 kilogr. de Charbon de terre

Au prix de 2 fr.

à livrer sur présentation de la carte de boucherie au marché de l'Europe, chez M....

De 9 heures à 11 heures.

Valable jusqu'au 31 janvier 1871.

MAIRIE DU VIIIᵉ ARRONDISSEMENT

BON pour un décalitre (un boisseau) de
Charbon de bois.

Au prix de 1 fr.

à prendre au Faubourg-Saint-Honoré, 170.

Le   à   heure .

§ 6. — Objets divers.

Nous avions encore dans le budget complémentaire dont nous étions redevables à l'initiative
privée, un chapitre d'objets divers dans lequel
nous comprenions tout ce qui ne se rattachait à
aucune des catégories précédemment analysées.

Il concernait notamment divers achats de denrées alimentaires, des acquisitions de lait et de
charbons.

La distribution de ces articles de nécessité se
faisait après appréciation des besoins.

En outre, nous avions reçu des dons spéciaux
pour les canons et les bombardés.

Ces sommes ont été appliquées à leur destination.

Nous ne les considérions que comme un simple dépôt.

Nous ne mentionnons donc le fait que pour mémoire.

Nous avions aussi organisé dans les dépendances de la mairie un atelier de travail. — On faisait confectionner à domicile, par des artisans malheureux, des objets de première nécessité en lingerie et en vêtements. Ces objets nous étaient ensuite apportés. — On en payait le prix, puis nous les faisions distribuer aux pauvres.

Les fonds particuliers dont nous venons d'expliquer l'emploi alimentaient également ce service de charité.

Enfin, la générosité de nos administrés fut telle, que dans le courant du mois de décembre 1870 l'état de notre caisse particulière nous permettait d'offrir notre concours à ceux des autres arrondissements qui ne pouvaient pas avoir les mêmes ressources.

Nous donnons ici, pour indiquer l'esprit qui a inspiré cette résolution, le texte de la lettre adressée alors au maire de Paris.

Paris, le 16 décembre 1870.

A Monsieur FERRY, membre du Gouvernement de la Défense nationale, délégué à la Mairie de Paris.

Les habitants du 8ᵉ arrondissement, répondant à mon appel, ont mis à ma disposition des sommes importantes qui facilitent ma tâche dans les circonstances que nous traversons.

Mais, pour ces généreux citoyens, la division territoriale, due aux nécessités administratives, ne porte aucune atteinte à l'esprit de fraternité qui unit entre eux tous les membres de la grande cité.

Nous avons d'ailleurs en ce moment, à Paris, des hôtes nombreux et intéressants.

Aussi la plupart des donateurs m'ont exprimé le désir qu'une somme prélevée sur ces fonds fût offerte à ceux de mes collègues dont les arrondissements sont le plus éprouvés.

A ce titre, Monsieur, je tiens à votre disposition une somme de 25,000 fr., et je suis heureux d'être en cela l'interprète de la pensée de mes administrés.

Votre dévoué concitoyen,

Signé : CARNOT.

CONCLUSION.

—

Dans son remarquable ouvrage sur *Paris, ses organes, ses fonctions et sa vie*, M. Maxime du Camp a consacré un chapitre plein d'intérêt à l'alimentation de cette grande capitale. Remontant le cours de l'histoire, il jette un coup d'œil rapide sur le mode et les conditions de l'approvisionnement de Paris pendant les siècles écoulés; puis, arrivant à l'époque contemporaine, il signale les années qui ont été particulièrement dures à traverser.

La dernière crise alimentaire de 1868 lui suggère ces réflexions judicieuses et quasi prophétiques :

« Il y a cent ans, l'année 1868 eût compté parmi les plus mauvaises et les plus lamentables. Grâce à la liberté des transactions, tout se passe sans trouble, sinon sans malaise. La Hongrie, la Russie, l'Amérique, nous envoient leurs grains, et, si le prix du pain a augmenté, c'est du moins dans des proportions acceptables et qui ne font concevoir aucune inquiétude. Pour que la France fût exposée à traverser encore une de ces crises alimentaires si fréquentes au dernier siècle, il faudrait d'abord que sa récolte fût singulièrement pauvre, ensuite que la disette ravageât le monde entier ou que nous fussions engagés dans une guerre à la fois continentale et maritime; il faudrait, en un mot, tant de mauvaises conjonctures réunies qu'on peut être certain de les éviter. »

Nous venons de voir que l'une des plus tristes prévisions de l'auteur s'était réalisée. La guerre de 1870-71 et l'investissement complet de la capitale créèrent artificiellement une de ces crises alimentaires dont il semblait que la liberté des transactions et le développement merveilleux des voies de communication nous eussent affranchis pour jamais.

Le siége de Paris nous a ramenés, sous ce rapport, à plusieurs siècles en arrière.

Pour trouver une situation comparable à celle que nous avons traversée en 1870-71, il faut remonter jusqu'aux plus sombres années de la folie de Charles VI. L'analogie entre les deux époques est saisissante. Au témoignage des chroniqueurs du temps, Paris se trouvait alors réduit aux extrémités les plus lamentables. Il adressait d'incessants appels à la province et à l'étranger, qui ne pou-

vaient le plus souvent y répondre, empêchés qu'ils
étaient par la guerre civile, par le brigandage,
par le mauvais état des routes et surtout par une
législation tracassière qui mettait des frontières
partout, de province à province, de ville à ville,
exigeait des péages sous tous les prétextes, ruinait,
décourageait, repoussait les marchands forains.

Le *Journal d'un bourgeois de Paris*, écrit pendant cette lugubre période, n'est rempli que des
lamentations sur le prix exorbitant des vivres :

« Lors fut la chair si chère, y lisons-nous, que
un bœuf qu'on avoit vu donner maintes fois pour
huit francs ou pour dix tout au plus, coustoit cinquante francs; un veau quatre ou cinq francs; un
mouton soixante sols. »

Pour remédier à ces maux, que faisait-on?

Le blé valait huit francs le setier (1 hect. 59);
on défendit de le vendre plus de quatre francs, et
l'on ordonna aux boulangers de fabriquer « pain
bourgeois et on pain festis » à un prix en rapport
avec celui qu'on imposait au blé. Le résultat fut
immédiat; les marchands cessèrent de vendre, les
meuniers de moudre, les boulangers de cuire, et
la ville retomba dans une misère sans nom.

On a beau se presser à la porte des boulangers,
on ne peut se procurer le pain nécessaire; vers le
soir « ouyssez parmy Paris piteuses plaintes, pi-
teux cris, piteuses lamentations, et les petits enfants crier : « Je meurs de faim »; et sur les

iumiers, parmy Paris, en quatorze cent vingt,
puissiez trouver ci dix, ci vingt ou trente enfants,
fils et filles, qui là mouroient de faim et de froid,
et n'estoit si dur cœur qui les ouyst crier : « Hé-
« las! je meurs de faim, » qui grand pitié n'on
eust; mais les pauvres mesnagers ne leur pou-
voient ayder, car on n'avoit ne pain, ne bled, ne
busche, ne charbon. »

Ce triste tableau n'aurait-il pas pu être tracé
dans les mêmes termes à la fin du mois de janvier 1871?

Dans quelle mesure convient-il de déroger en
temps de siége aux principes qui régissent les
transactions en temps ordinaire? C'est là une
question trop délicate et trop complexe pour
qu'il soit possible de la traiter en passant. Nous
laissons à de plus compétents que nous le soin de
l'examiner et de la résoudre. La tâche que nous
nous sommes assignée, nous l'avons dit en com-
mençant, est beaucoup plus modeste. Nous avons
voulu simplement rassembler quelques documents et sauver de l'oubli quelques souvenirs qui
se rattachent à l'administration de notre mairie, à
une époque de cruelles épreuves. Nous avons
voulu encore, en offrant ce travail à nos anciens
administrés, rendre hommage à l'infatigable dévouement et aux généreux sacrifices de tous ceux
qui nous ont apporté un concours si désintéressé.

Nous aurions voulu pouvoir les désigner à la reconnaissance publique; remercier nominativement tous : nos commissaires enquêteurs, qui ont si activement concouru à la création de la Caisse des cotisations; — tous ces citoyens dévoués qui ont établi à leurs frais des ambulances privées dans leur maison et souvent même dans leur propre appartement; — tout le personnel de notre administration, personnel ordinaire et extraordinaire d'employés et d'auxiliaires, qui ne nous a marchandé ni son temps ni sa peine; — enfin, tous ces négociants actifs, intelligents, qui nous ont aidés à organiser et à diriger les services exceptionnels de l'alimentation. Tous auraient mérité de voir leurs noms figurer sur cette liste d'honneur; mais, sans parler de la crainte de n'en donner qu'une liste incomplète, — d'oublier peut-être les plus méritants, — nous avons été arrêté par le scrupule de blesser la modestie de ceux de nos concitoyens qui, en se dévouant au salut commun, n'obéissaient qu'au seul sentiment du devoir. Qu'ils reçoivent du moins ici et nos remerciements et ceux de nos honorables collègues de la mairie du 8ᵉ arrondissement.

En publiant ces notes sur l'administration du 8ᵉ arrondissement pendant le siége de Paris, nous nous sommes appliqué à ne point sortir du cadre étroit que nous nous étions tracé. Nous nous sommes abstenu de toute appréciation ayant un caractère politique et même de tout jugement sur les mesures économiques auxquelles il avait fallu recourir sous la pression des circonstances. A nos yeux, ces mesures d'exception trouvent leur justification dans la nécessité. L'opinion publique les appelait, et même elle en demandait de plus radicales. Nous croyons que la juste mesure de l'intervention de l'autorité, en matière de subsistances et de secours, n'a point été dépassée, et nous sommes d'avis aussi qu'il eût été difficile et même imprudent de limiter davantage l'action administrative.

APPENDICE

Nous avons cru qu'il ne serait pas sans intérêt de comparer les cartes délivrées pour le service de la boucherie dans les vingt arrondissements de Paris, en indiquant les points essentiels
par lesquels elles différaient. Ce n'est pas sans
peine que nous avons pu nous procurer des
exemplaires de ces cartes, qu'on ne retrouve plus
guère que dans les cabinets des collectionneurs.

Heureusement, ceux-ci n'ont pas fait défaut
pendant le siége de Paris, et on devra à leur
curiosité ingénieuse la conservation de mainte
pièce intéressante.

Nous les remercions, pour notre part, du concours qu'ils nous ont prêté, en nous donnant les moyens de reproduire la collection des cartes alimentaires qui ont été en usage et qui révèlent les particularités du système suivi dans chaque arrondissement.

1ER ARRONDISSEMENT

Dans plusieurs arrondissements, on a créé des cartes différentes, selon les quartiers, et ces cartes se distinguaient chacune par sa couleur.

C'est ainsi que, dans le 1er arrondissement, il avait été créé quatre cartes, répondant chacune à un des quatre quartiers.

Au dos de ces cartes se trouvait un tableau contenant la division par jour; ce tableau était destiné à recevoir les estampilles qui servaient au contrôle, ainsi que cela se pratiquait dans le 8e arrondissement.

Nous en reproduisons un spécimen, moins le tableau de contrôle, qui se trouvait au dos et qui était à peu près le même dans tous les arrondissements.

RÉPUBLIQUE FRANÇAISE.

MAIRIE DU 1ᵉʳ ARRONDISSEMENT

CARTE DE 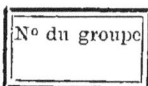 SUBSISTANCE

M.   chef de famille,

demeurant   a droit d'acheter ou faire

acheter   rations de Viande, chez M.

boucher, rue

Ou   portions d'aliments préparés dans les

cantines municipales.

Nota. — Cette carte est personnelle et devra être conservée
avec soin. Il ne pourra, en aucun cas, en être délivré de
duplicata. La délivrance des Rations ou Portions sera
constatée par le détachement du coupon du jour, qui res-
tera entre les mains du Boucher.

LE MAIRE,

Toute personne ayant fait usage
d'une Carte contenant une mention
inexacte s'exposera au retrait de
la Carte, sans préjudice des peines
portées par la loi.

2ᴱ ARRONDISSEMENT

Dans cet arrondissement, on a, pendant le cours du siége, modifié le système qui avait été primitivement adopté.

La première carte qui ait été mise en usage était très-simple; elle était suivie d'un tableau divisé par jours, et dont on détachait les coupons comme dans beaucoup d'autres arrondissements.

Mais à cette carte, que nous reproduisons plus loin (nᵒ 1), on en a substitué, plus tard, une autre dont nous donnerons également le texte (nᵒ 2), et qui répondait évidemment à des besoins ou à des nécessités que l'expérience avait démontrés.

On y verra, notamment, que les heures de livraison avaient été indiquées afin d'éviter autant que possible les queues.

On y verra aussi que certaines heures spéciales avaient été réservées aux retardataires.

On remarquera, en outre, que le porteur de la carte n'allait pas, chaque fois, à la même heure, afin de n'avoir pas toujours les meilleurs morceaux en venant de bonne heure, ou les plus mauvais en venant tard.

Nous avions eu la même idée dans le 8ᵉ arrondissement, et nous avions délivré des bulletins spéciaux pour la réaliser; mais le système du 2ᵉ arrondissement, qui consistait à mettre ces différentes indications sur la carte alimentaire elle-même, était manifestement préférable.

8.

MAIRIE

DU

2ᵉ ARRONDISSEMENT.

(Nᵒ 1.)

RÉPUBLIQUE FRANÇAISE.

CARTE DE FAMILLE

Contre présentation de cette carte

M.

demeurant

a droit d'acheter ou faire acheter aux dates indiquées sur les coupons ci-dessous   rations de viande dans les boucheries municipales de l'arrondissement.

Cette carte est munie de coupons. La délivrance des rations sera constatée par le détachement du coupon du jour de distribution.

Par délégation du maire,

Le porteur de cette carte ne devra jamais détacher lui-même le coupon. Il devra le faire détacher soit par le boucher, soit par son restaurateur.

(Nº 2.)

ADRESSES	

· DES

BOUCHERIES MUNICIPALES

VILLE DE PARIS

2ᵉ **Arrondissement**

Toute carte perdue ne sera pas remplacée.

du 2ᵉ arrondissement

où les habitants ont le droit de s'approvisionner.

RATIONNEMENT

Contre la présentation de cette carte, M.

suivant sa déclaration signée, a droit de se faire délivrer aux dates et aux heures fixées ci-dessous,   rations de viande dans l'une des boucheries municipales indiquées ci-contre.

LE MAIRE,

Quartier Gaillon

· · · · · · · · · ·

· · · · · · · · · ·

· · · · · · · · · ·

La présente carte est accompagnée de coupons que les bouchers et les restaurateurs ont seuls le droit de détacher le jour de la distribution aux ayants droit.

Quartier Vivienne

Afin d'éviter aux habitants d'inutiles et pénibles attentes, la mairie a fixé, comme suit, les dates et heures précises de distribution :

· · · · · · · · · ·

· · · · · · · · · ·

Quartier du Mail

DE 3 A 5 H. DISTRIBUTION AUX RETARDATAIRES		
De 1 h. à 3 h.	De 10 h. à midi.	De 8 h. à 10 h.
Lundi 9 janvier de 1 à 3 h.	Vendredi 6 janvier de 10 h. à m.	Mardi 3 janvier de 8 à 10 h.
Samedi 31 décemb. de 1 à 3 h.	Mercredi 28 décemb. de 10 h. à m.	Dimanche 25 décemb. de 8 à 10 h.
Jeudi 22 décemb. de 1 à 3 h.	Lundi 19 décemb. de 10 h. à m.	Vendredi 16 décemb de 8 à 10 h.
Mardi 13 décemb. de 1 à 3 h.	Samedis 10 décemb. de 10 h. à m.	Mercredi 7 décembre de 8 à 10 h.
Dimanche 4 décemb. de 1 à 3 h.	Jeudi 1ᵉʳ décemb. de 10 h. à m.	

Quartier Bonne-Nouvelle

3ᴱ ARRONDISSEMENT

Dans cet arrondissement, on paraît avoir procédé aussi de deux manières différentes.

Un premier système de cartes de petit format fonctionna pendant les mois d'octobre et novembre; nous en donnons le modèle.

Puis, on adopta le système d'une carte de dimension plus grande, sur laquelle les jours étaient disposés à la suite, en tableau et avec coupons à détacher.

Dans cet arrondissement, la distribution se faisait seulement tous les quatre jours.

Dans le troisième arrondissement, comme dans le second, les heures de livraison se trouvaient indiquées.

RÉPUBLIQUE FRANÇAISE

LIBERTÉ, ÉGALITÉ, FRATERNITÉ

TROISIÈME ARRONDISSEMENT

(MAIRIE DU TEMPLE)

La famille
domiciliée rue
composée de   personnes, suivant sa déclaration, est inscrite pour une répartition de   kilogr.
      grammes de viande à retirer aux boucheries
municipales du quartier de.   heure ,
à   heure .

N. B. Lorsqu'une espèce ou une catégorie de viande sera
épuisée, il en sera donné avis à haute voix aux personnes
qui attendent leur tour.

QUARTIER

La répartition se fera tous les quatre jours à la boucherie désignée ci-contre, et non autre part, aux dates ci-dessous indiquées :

POUR LE MOIS D'OCTOBRE :

Les	23	27	31

POUR LE MOIS DE NOVEMBRE :

Les	4	8	12	16	20	24

28

me *Section.*

Cette carte ne peut servir qu'au titulaire; elle sera contrôlée après chaque livraison de viande.

Le titulaire qui aurait perdu sa carte est tenu d'en faire immédiatement la déclaration à la mairie.

N. B. — Est passible de la déchéance de son droit, celui qui aura vendu ou falsifié la carte ou qui se servirait d'une carte trouvée.

RÉPUBLIQUE FRANÇAISE

—

3e Arrondissement. — Mairie du Temple.

BOUCHERIE MUNICIPALE

—

QUARTIER

—

BOUCHER : citoyen   *rue*

Famille   rue

nombre de personnes

Toute fausse déclaration est punie du retrait immédiat de cette carte, sans préjudice des peines édictées par la loi.		Chaque coupon doit, sous peine de nullité, être employé le jour de la date qu'il porte.	
7 janvier.	3 janvier.	30 décembre.	26 décembre.
8 heures à midi.	1 heure à 4 heures.	8 heures à midi.	1 heure à 4 heures.
22 décembre.	18 décembre.	14 décembre.	10 décembre.
8 heures à midi.	1 heure à 4 heures.	8 heures à midi.	1 heure à 4 heures.
6 décembre.			
8 heures à midi.			

4ᴱ ARRONDISSEMENT

Il y eut dans cet arrondissement deux périodes.

Nous donnons ici le texte des deux cartes, quoique, en fait, les deux rédactions ne présentent pas de différences.

L'indication des jours de distribution nous montre que la distribution avait lieu tous les trois jours.

Les heures n'y sont pas indiquées; mais, on avait probablement dans cet arrondissement, comme dans le nôtre, créé des bulletins spéciaux pour éviter le plus possible les encombrements.

MAIRIE DU 4ᵉ ARRONDISSEMENT

BOUCHERIES MUNICIPALES

Permis d'acheter jours indiqués, délivré à et enfants.

rations de viande aux pour adultes

LE MAIRE,

Toute fausse déclaration est punie du retrait immédiat de cette carte, sans préjudice des peines édictées par la loi.

Les boucheries municipales délivrent la viande au prix de la taxe.

Chaque coupon doit, sous peine de nullité, être employé le jour de la date qu'il porte.

Le poids de la ration est fixé par la Municipalité, d'après les quantités de viande fournies par le ministre du Commerce.

MAIRIE DU 4ᵉ ARRONDISSEMENT

BOUCHERIES MUNICIPALES

Permis d'acheter
jours indiqués, délivré à

rations de viande aux

LE MAIRE,

Toute fausse déclaration est punie du retrait immédiat de cette carte. sans préjudice des peines édictées par la loi.

Les boucheries municipales délivrent la viande au prix de la taxe.

Chaque coupon doit, sous peine de nullité, être employé le jour de la date qu'il porte.

Le poids de la ration est fixé par la Municipalité, d'après les quantités de viande fournies par le ministre du Commerce.

16 février	13 février	10 février	7 février
4 février	1ᵉʳ février	29 janvier	26 janvier
23 janvier	20 janvier	17 janvier	14 janvier
11 janvier	8 janvier	5 janvier	2 janvier
30 décembre	27 décembre	24 décembre	21 décembre

9

3ᴱ ARRONDISSEMENT

Ici encore, on délivra une première carte d'une extrême simplicité, mais à laquelle se rattachait probablement un tableau, sans lequel le fonctionnement eût été bien difficile au point de vue du contrôle.

Puis, on adopta, plus tard, une autre carte, dont la rédaction est plus complète et contenait toutes les indications nécessaires, avec tableau à la suite.

Vᵉ ARRONDISSEMENT

QUARTIER

Adresse de l'habitant :

. . . . RATIONS.

Signature :

Adresse du débitant :

Octobre 1870.

		1	17				
RÉPUBLIQUE FRANÇAISE		2	18				
Liberté, égalité, fraternité.		3	19				
		4	20				
MAIRIE		5	21				
DU		6	22				
5° Arrondissement		7	23				
		8	24				
Nom		9	25				
Adresse		10	26				
Nombre des membres de la famille		11	27				
Nombre de rations		12	28				
Adresse du boucher		13	29				
Signature du titulaire,		14	30				
Série		15	31				
N°		16					

6ᴱ ARRONDISSEMENT

La disposition de la carte alimentaire dans cet arrondissement est exactement conforme à celle qui avait été adoptée dans le 8ᵉ. Le tableau des jours était tracé au dos de la carte, pour être estampillé lorsque le porteur se présentait.

RÉPUBLIQUE FRANÇAISE

LIBERTÉ, ÉGALITÉ, FRATERNITÉ.

BOUCHERIE MUNICIPALE

Quartier Saint-Germain-des-Prés

PLACE GOZLIN, 1.

Nom

Demeure

Nombre des membres de la famille

Quantité de viande allouée par jour

Le maire du 6ᵉ arrondissement.

Signature du titulaire :

Les Boucheries municipales délivrent les viandes aux prix de la taxe. Les bénéfices sont affectés aux fourneaux de l'arrondissement.

Toute fausse déclaration est punie du retrait immédiat de cette carte, sans préjudice des peines édictées par la loi.

7ᴱ ARRONDISSEMENT

Deux cartes successives :

La première, destinée à servir pendant les mois d'octobre et novembre ;

La seconde, destinée aux mois de décembre et janvier.

Dans cet arrondissement, les boucheries étaient ouvertes de deux jours l'un, et chaque distribution était faite pour quatre jours.

Nous reproduisons ici le texte des deux cartes, quoique la seconde ne soit pas très-différente de la première.

Au dos de chacune se trouvait le tableau des jours, qui s'estampillait chaque fois que le porteur se présentait.

RÉPUBLIQUE FRANÇAISE

—

MAIRIE DU VIIe ARRONDISSEMENT

—

BOUCHERIE

—

CARTE DE MÉNAGE

Nom	Signature du titulaire :
Profession	
Domicile	
Hommes	*Le délégué,*
Femmes	membre du Comité de
Enfants	défense nationale :

kilogr.......

Cette carte, exclusivement personnelle, ne peut être prêtée et ne doit servir que pour les boucheries du VIIe arrondissement.

N^o de la boucherie :

RÉPUBLIQUE FRANÇAISE

—

MAIRIE DU VIIe ARRONDISSEMENT

—

BOUCHERIE

—

CARTE D'ALIMENTATION

Nom

Signature du titulaire,

Domicile

Adultes | *Timbre de la mairie*

Enfants

Cette carte est exclusivement personnelle.

8ᴱ ARRONDISSEMENT

———

Nous ne mentionnons ici que pour mémoire le 8ᵉ arrondissement, puisqu'il a fait l'objet particulier de cet écrit, et que nous nous sommes appliqué surtout à décrire dans tous ses détails le mécanisme du service alimentaire.

Quoique nous ayons reproduit plus haut la carte du 8ᵉ arrondissement, nous en donnons de nouveau la copie, pour que cette nomenclature soit complète.

RÉPUBLIQUE FRANÇAISE

LIBERTÉ, ÉGALITÉ, FRATERNITÉ

Mairie du VIIIe Arrondissement

BOUCHERIE, *rue*

Nom

Demeure

Nombre des membres de la famille

Bon pour   rations.

LE MAIRE

Signature du titulaire,

9ᴱ ARRONDISSEMENT

Dans le 9ᵉ arrondissement, nous constatons une différence assez importante avec les autres arrondissements, au moins sous le rapport de la forme.

Sur une grande feuille, on avait consigné par écrit ce qu'on appelait, et avec raison, les *Observations essentielles*.

On avait établi aussi des distinctions entre la livraison de la viande cuite et celle de la viande crue.

9.

VILLE DE PARIS

—

IXᵉ ARRONDISSEMENT. — *QUARTIER :*

—

Feuille d'achat de Viande de boucherie

pour les mois d'Octobre et Novembre.

—

Section :

Poste :

rue   Nᵒ

Nᵒ de la Feuille

OBSERVATIONS ESSENTIELLES

—

1ᵒ Le bon d'achat doit rester adhérent à la présente feuille, et ne sera détaché que par le boucher ou par la cantine municipale.

2ᵒ Chaque bon d'achat doit, sous peine de nullité, être employé le jour de la date qu'il porte, — soit chez un des bouchers de l'arrondissement, pour achat de viande crue, — soit dans une des cantines municipales, pour achat de viande cuite.

3ᵒ La viande cuite sera livrée en trois fois : la première part le jour fixé par le bon, la seconde le lendemain et la troisième le surlendemain. — Le bon sera pointé lors des deux premières livraisons et détaché après la troisième.

4ᵒ Pour la viande crue, les bons sont valables indistinctement dans les 24 boucheries de l'arrondissement ouvertes chaque jour, et pour la viande cuite, dans toutes les cantines municipales de l'arrondissement.

5ᵒ Le chiffre placé sur chaque bon indique le nombre de rations à recevoir. Le poids de la ration est fixé par la municipalité, d'après les quantités de viande fournies par le ministre du commerce.

Titulaire de la feuille :   *rue*   *nᵒ*   *personne*

Signature du titulaire :

10ᴱ ARRONDISSEMENT

Le 10ᵉ arrondissement avait une carte fort simple, désignant uniquement la quantité de rations et la faculté pour le titulaire de se faire servir chez le boucher qui lui plairait et le jour qui lui conviendrait.

Voir au dos de la carte le mode de distribution.

SIÉGE DE PARIS

RÉPUBLIQUE FRANÇAISE

—

Mairie du Xe Arrondissement

—

CARTE

POUR LE RATIONNEMENT DE LA VIANDE DE BOUCHERIE.

—

Bon pour   ration
de viande à prendre par moitié ou en une seule fois
chaque semaine, dans l'une des boucheries municipales de l'arrondissement, n'importe le jour.

Nom

Profession

Domicile

Nombre de bouches { Hommes
Femmes
Enfants   }   Rations.

LE MAIRE,

Signature du titulaire.

En cas d'augmentation ou de réduction de bouches, soit par décès ou autrement, on devra échanger sa carte à la mairie.

	SEMAINE.	
	Première moitié.	Seconde moitié.
Octobre. 3e semaine.		
4e semaine.		
Novembre. 1re semaine.		
2e semaine		
3e semaine.		
4e semaine.		
Décembre. 1re semaine		
2e semaine.		

11^E ARRONDISSEMENT

Carte très-simple; cependant, on remarquera que, non-seulement les boucheries sont indiquées, mais encore les jours et heures de service.

La distribution avait lieu tous les quatre jours.

RÉPUBLIQUE FRANÇAISE

LIBERTÉ. — ÉGALITÉ. — FRATERNITÉ.

Mairie du XIe Arrondissement

BOUCHERIE MUNICIPALE

Rue
N° d'ordre
Nom du titulaire
Demeure
Nombre de personnes

Nᵒ D'ORDRE.	*Le porteur de la carte devra se présenter, pour avoir de la viande, aux jours et aux heures indiquées ci-dessous :*	
18 novembre. De 7 à 8 heures.	22 novembre. De 8 à 9 heures.	26 novembre. De 9 à 10 heures.
30 novembre. De 10 à 11 heures.	4 décembre. De 11 à 12 heures.	8 décembre. De midi à 1 heure
12 décembre. De 7 à 8 heures.	16 décembre. De 8 à 9 heures.	20 décembre. De 9 à 10 heures.
24 décembre. De 10 à 11 heures.	28 décembre. De 11 à 12 heures.	1ᵉʳ janvier. De midi à 1 heure.

Toute personne qui ne se présenterait pas au jour indiqué perdrait son droit à la ration.

12ᴇ ARRONDISSEMENT

Carte avec coupons à détacher.

Les jours et les heures sont indiqués.

On était servi de deux jours l'un.

On avait créé deux cartes :

L'une pour les jours pairs; l'autre pour les jours impairs.

Les cartes que nous donnons comme modèle étaient faites pour des familles de 6 et de 4 personnes.

XIIe arrondissement	XIIe arrondissement	XIIe arrondissement	XIIe arrondissement
Six personnes	**Six** personnes.	**Six** personnes	**Six** personnes.
heures 1er décembre.	heures. 3 décembre.	heures. 5 décembre.	heures. 7 décembre.
XIIe arrondissement	XIIe arrondissement	XIIe arrondissement	XIIe arrondissement
Six personnes.	**Six** personnes.	**Six** personnes.	**Six** personnes.
heures. 9 décembre.	heures. 11 décembre.	heures. 13 décembre.	heures. 15 décembre.
XIIe arrondissement	XIIe arrondissement	XIIe arrondissement	XIIe arrondissement
Six personnes	**Six** personnes.	**Six** personnes.	**Six** personnes.
heures. 17 décembre.	heures. 19 décembre.	heures. 21 décembre.	heures. 23 décembre.
XIIe arrondissement	XIIe arrondissement	XIIe arrondissement	XIIe arrondissement
Six personnes	**Six** personnes.	**Six** personnes.	**Six** personnes.
heures. 25 décembre.	heures. 27 décembre.	heures. 29 décembre.	heures. 31 décembre.

Mairie du XIIe arrondissement de Paris.

CERTIFICAT DE FAMILLE.

M.
demeurant
nous a déclaré sa famille composée de   personnes.
A prendre chez M.   rue
Paris, le   1870

LE MAIRE,

No

Valables les jours impairs.

XIIe arrondissement	XIIe arrondissement	XIIe arrondissement	XIIe arrondissement
Quatre personnes.	**Quatre** personnes.	**Quatre** personnes.	**Quatre** personnes.
heures. 2 décembre.	heures. 4 décembre.	heures. 6 décembre.	heures. 8 décembre.
XIIe arrondissement	XIIe arrondissement	XIIe arrondissement	XIIe arrondissement
Quatre personnes.	**Quatre** personnes.	**Quatre** personnes.	**Quatre** personnes.
heures. 10 décembre.	heures. 12 décembre.	heures. 14 décembre.	heures. 16 décembre.
XIIe arrondissement	XIIe arrondissement	XIIe arrondissement	XIIe arrondissement
Quatre personnes.	**Quatre** personnes.	**Quatre** personnes.	**Quatre** personnes.
heures. 18 décembre.	heures. 20 décembre.	heures. 22 décembre.	heures. 24 décembre.
XIIe arrondissement	XIIe arrondissement	XIIe arrondissement	
Quatre personnes.	**Quatre** personnes.	**Quatre** personnes.	
heures. 26 décembre.	heures. 28 décembre.	heures. 30 décembre.	

Mairie du XIIᵉ arrondissement de Paris.

CERTIFICAT DE FAMILLE.

M.

demeurant

nous a déclaré sa famille composée de   personnes.

A prendre chez M.   rue

Paris,   1870.

LE MAIRE,

Nᵒ

Valable les jours pairs.

13ᴱ ARRONDISSEMENT

Carte identiquement semblable à celle du 12ᵉ arrondissement.

Les observations sont les mêmes.

Nous n'avons qu'une carte de jours pairs, et des coupons en ont été détachés.

Nous donnons toutefois copie de cette carte dans l'état où elle est.

C'est un spécimen suffisant pour montrer le mode de fonctionnement.

—	—	—	—
—	—	—	—
—	—	XIIIᵉ arrondissement **Une** personne. — 14 novembre.	XIIIᵉ arrondissement **Une** personne. — 16 novembre.
—	—	—	
XIIIᵉ arrondissement **Une** personne. — 18 novembre.	XIIIᵉ arrondissement **Une** personne. — 20 novembre.	XIIIᵉ arrondissement **Une** personne. — 22 novembre.	XIIIᵉ arrondissement **Une** personne. — 24 novembre.
XIIIᵉ arrondissement **Une** personne. — 26 novembre.	XIIIᵉ arrondissement **Une** personne. — 28 novembre.	XIIIᵉ arrondissement **Une** personne. — 30 novembre.	

Mairie du XIIIᵉ Arrondissement de Paris.

CERTIFICAT DE FAMILLE.

M.

demeurant

nous a déclaré sa famille composée de   personnes.

Paris, le   1870

LE MAIRE,

Nº

Valable tous les jours pairs.

14ᴱ ARRONDISSEMENT

La carte alimentaire du 14ᵉ arrondissement est très-simple.

Elle portait au dos le tableau des jours calculés jusqu'au 31 janvier.

Elle ne comporte aucune observation particulière.

Mairie du XIVᵉ Arrondissement

RÉPUBLIQUE FRANÇAISE

Liberté, Égalité, Fraternité.

BOUCHERIE MUNICIPALE

De heures à heures

Boucherie, *rue*
Boucherie, *rue*

Les boucheries municipales délivrent les viandes au prix de la taxe. — Les bénéfices seront affectés aux fourneaux de l'arrondissement.

Toute fausse déclaration est punie du retrait immédiat de cette carte, sans préjudice des peines édictées par la loi.

Nom

Demeure

Nombre des membres de la famille

Quantité de viande allouée par jour

Signature du titulaire,

Le maire provisoire.

15ᴱ ARRONDISSEMENT

La carte alimentaire du 15ᵉ arrondissement portait également au dos le tableau des jours.

Ainsi que dans beaucoup d'autres arrondissements, on avait fait une première carte contenant le tableau des jours seulement pour octobre et novembre, les prévisions générales n'allant d'abord guère au delà.

On en fit une autre pour le service des deux derniers mois.

RÉPUBLIQUE FRANÇAISE

Mairie du XVᵉ arrondissement

BOUCHERIE

CARTE DE MÉNAGE

		Signature du titulaire.
Nom		
Profession		
Domicile		*Le délégué,*
Hommes		membre du comité de
Femmes	kilogr.	Défense nationale.
Enfants		

Cette carte, exclusivement personnelle, ne peut être prêtée et ne doit servir que pour les boucheries du XVᵉ arrondissement, sous peine de poursuites sévères.

16ᴱ ARRONDISSEMENT

Dans le 16ᵉ arrondissement, on n'avait pas adopté le système de cartes à modèle réduit.

On employait de grandes feuilles de couleurs différentes, probablement selon les quartiers.

Ces feuilles se composaient du texte que nous donnons ici.

A la suite de ce texte, dans la deuxième partie de la feuille, se trouvait le tableau des jours disposés en coupons, qui devaient être détachés.

En comparant les deux textes, on trouvera l'indication de quelques modifications apportées par la municipalité dans ce service.

RÉPUBLIQUE FRANÇAISE

CARTE DE FAMILLE

MAIRIE
DU
16e arrondissement

Numéro d'ordre

Contre présentation de cette carte

M.

Profession :

Demeure :

a droit d'acheter ou faire acheter chaque jour à son choix :

Ou rations de viande crue dans les trois marchés de l'arrondissement,

Ou portions d'aliments préparés dans les cantines municipales.

Cette carte est munie de coupons. La délivrance des rations ou portions sera constatée par le détachement du coupon du jour.

Paris, Octobre 1870

Par délégation du Maire :

A la boucherie le porteur de la carte pourra acheter à la fois les rations du jour, celles de la veille et celles du lendemain.

RÉPUBLIQUE FRANÇAISE

MAIRIE
DU
16e arrondissement

CARTE DE FAMILLE

Numéro d'ordre

Contre présentation de cette carte (valable seulement au marché d'Auteuil).

M.

Profession :
Demeure .

a droit d'acheter ou faire acheter chaque jour à son choix :
Ou   Rations de viande crue,
Ou   portions d'aliments préparés dans les cantines municipales.

Cette carte est munie de coupons.— La délivrance des rations ou portions sera constatée par le détachement du coupon du jour.

LE MAIRE.

Paris, 15 novembre 1870

Nota. — Chaque coupon représente le rationnement de trois jours. Il sera rigoureusement refusé s'il n'est pas présenté le jour de sa date. — *Toute carte perdue ne sera pas remplacée.*

17ᴇ ARRONDISSEMENT

On a créé d'abord une feuille sur laquelle le quantième du mois était simplement et sommairement indiqué.

Mais ce système était trop sommaire, et vers la fin de novembre, on fit confectionner une autre feuille beaucoup plus complète et dont nous donnons également le spécimen.

Ainsi que nous l'avons déjà constaté, dans d'autres arrondissements on avait pris soin d'y réunir toutes les indications utiles, c'est-à-dire les jours, les dates, les quantités et les heures de livraison.

Il résulte du contexte de cette seconde feuille que les livraisons s'y faisaient tous les quatre jours.

RÉPUBLIQUE FRANÇAISE

—

17e Arrondissement. BOUCHERIES MUNICIPALES

Carte de famille

Nom du citoyen

Domicile

Nombre de bouches

Quantité de viande à livrer

NOTA. — Tout citoyen qui n'aura
pas été servi le jour, le sera le lendemain, avant les citoyens servis
la veille.

Les citoyens sont invités à conserver soigneusement leur carte.

*Cette carte n'est valable que pour
l'arrondissement.*

NOVEMBRE
30
29
28
27
26

NOVEMBRE.

25
24
23
22
21
20
19
18
17
16
15
14
13
12
11
10

Ville de Paris

RÉPUBLIQUE FRANÇAISE.

Carte de Famille.

17e arrondissement.

M. .... *boucher*

Signature du chef de famille.

Nom

Profession

Domicile

Nombre de bouches

Nota. — Cette carte doit être conservée avec le plus grand soin.

Le porteur doit se présenter aux jour et heure indiqués, sous peine de perdre son tour.

Toute déclaration frauduleuse sera punie du retrait de la carte, sans préjudice des poursuites légales.

BOUCHERIES.

DENRÉES	De Dates	à Quantités.	De Dates	à Quantités.
	Dimanche 5 février.		Mercredi 1er février.	
	Vendredi 20 janvier.		Lundi 16 janvier.	
	Mercredi 4 janvier.		Samedi 31 décemb.	
	Samedi 19 décemb.		Jeudi 15 décemb.	
	Samedi 3 décembre		Mardi 29 novemb.	

MUNICIPALES.

De Dates.	à Quantités.	De Dates.	à Quantités.
Samedi 28 janvier.		Mardi 24 janvier.	
Jeudi 12 Janvier.		Dimanche 8 janvier.	
Mardi 27 décemb.		Vendredi 23 décemb.	
Dimanche 11 décemb.		Mercredi 7 décembre.	
Vendredi 25 novemb.		Lundi 21 novemb.	

18ᴱ ARRONDISSEMENT

Dans le 18ᵉ arrondissement, la carte contient, à la première page, différentes énonciations.

Au dos de cette carte se trouve un tableau disposé d'une façon particulière.

On y remarquera que les jours, l'indication de la boucherie et les denrées figurent ensemble dans une sorte de tableau synoptique.

On remarquera aussi, par la mention mise au bas de ce tableau, que la distribution se faisait chaque jour.

RÉPUBLIQUE FRANÇAISE

Liberté, Égalité, Fraternité.

———

18ᵉ Arrondissement   Section.

Noms et prénoms | homme
femme

Profession

Demeure

Enfants

Loyer

_____

Nombre de parts

- - - - - - - - - - - - - - - - - -

Signature du titulaire   *Visa du maire*

    Boucherie

rue

denrées alimentaires

rue

OCTOBRE.	Boucherie.	Denrées.	OCTOBRE.	Boucherie.	Denrées.	NOVEMBRE.	Boucherie.	Denrées.	NOVEMBRE.	Boucherie.	Denrées.	DÉCEMBRE.	Boucherie.	Denrées.	DÉCEMBRE.	Boucherie.	Denrées.
1			16			1			16			1			16		
2			17			2			17			2			17		
3			18			3			18			3			18		
4			17			4			19			4			19		
5			20			5			20			5			20		
6			21			6			21			6			21		
7			22			7			22			7			22		
8			23			8			23			8			23		
9			24			9			24			9			24		
10			25			10			25			10			25		
11			26			11			26			11			26		
12			27			12			27			12			27		
13			28			13			28			13			28		
14			29			14			29			14			29		
15			30			15			30			15			30		
			31												31		

19ᴱ ARRONDISSEMENT

La carte du 19ᵉ arrondissement avait été préparée pour les mois d'octobre et de novembre.

Elle contenait, sur la première page, les indications ordinaires et le tableau des jours.

RÉPUBLIQUE FRANÇAISE
Liberté, Égalité, Fraternité.

MAIRIE DU 19ᵉ ARRONDISSEMENT

Rationnement.

Nᵒ
Noms
Rue

Hommes
Femmes } Quantités totales :
Enfants

A prendre dans les boucheries de la 4ᵉ subdivision.

OCTOBRE.			NOVEMBRE.				
14	21	28	1	8	15	22	29
15	22	29	2	9	16	23	30
16	23	30	3	10	17	24	
17	24	31	4	11	18	25	
18	25		5	12	19	26	
19	26		6	13	20	27	
20	27		7	14	21	28	

20ᴱ ARRONDISSEMENT

La carte du 20ᵉ arrondissement ressemblait beaucoup à celle du 8ᵉ.

Sur la première page, les mentions nécessaires, et d'un autre côté le tableau des jours.

A côté du tableau des jours, on avait mis en marge les indications suivantes :

« 1º Les boucheries municipales délivrent la viande « au prix de la taxe ;

« 2º Si le titulaire perd sa carte, il lui en sera délivré une seconde, sur la signature de deux témoins « qui resteront responsables de la déclaration. »

RÉPUBLIQUE FRANÇAISE
Liberté, Égalité, Fraternité.

Boucheries Municipales

Du XXᵉ arrondissement

Nom
Demeure
Nombre de personnes
Viande allouée par distribution

Signature du titulaire.   Un membre de la Commission municipale provisoire du 20ᵉ arrondissement.

Nom du boucher :

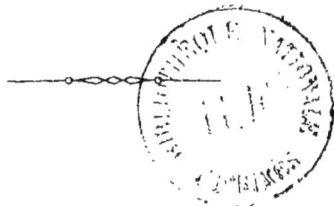

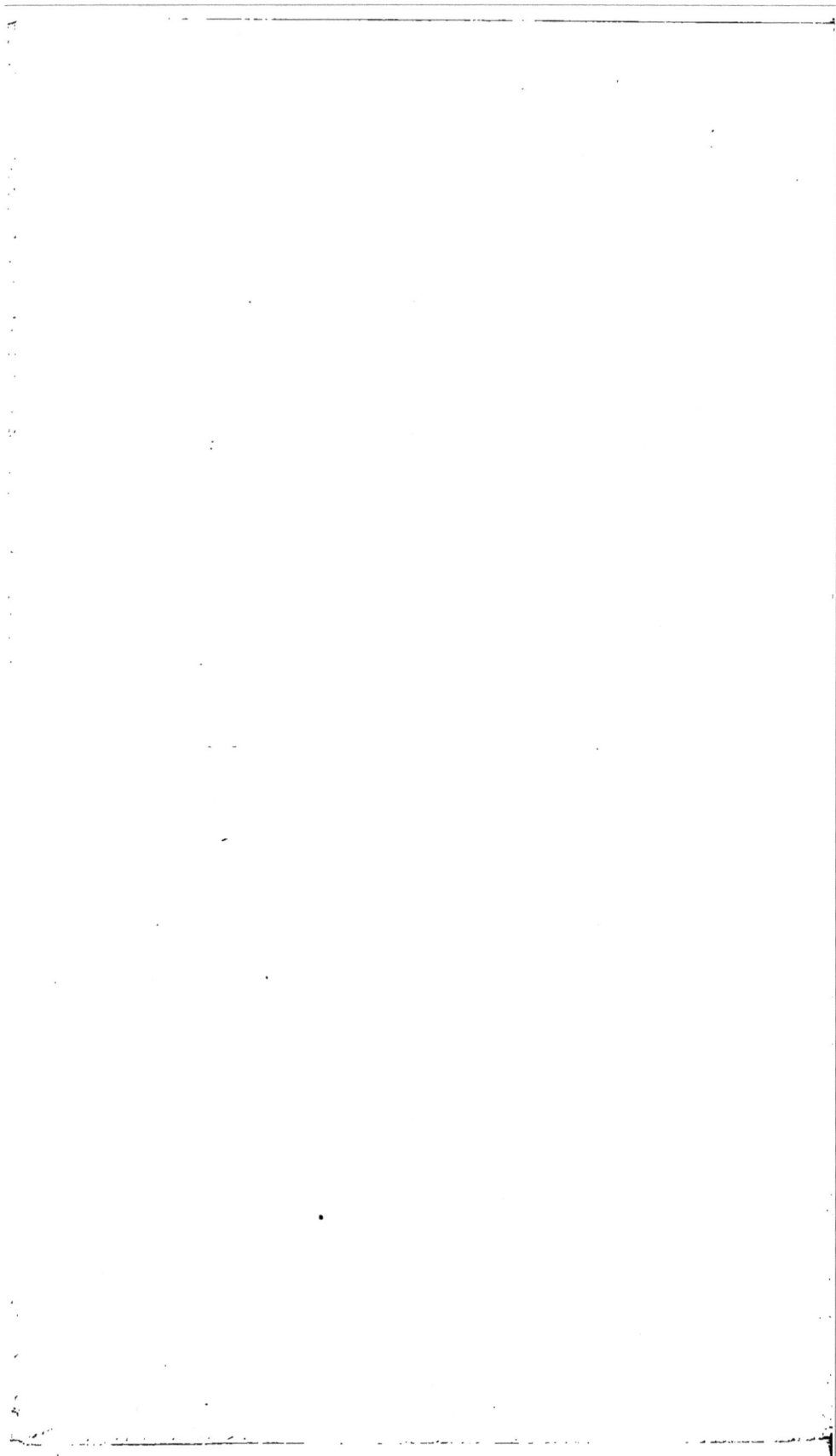

TABLE DES MATIÈRES

—

Paris. — Typ. de Rouge, Dunon et Fresné, rue du Four-St-Germ., 43;

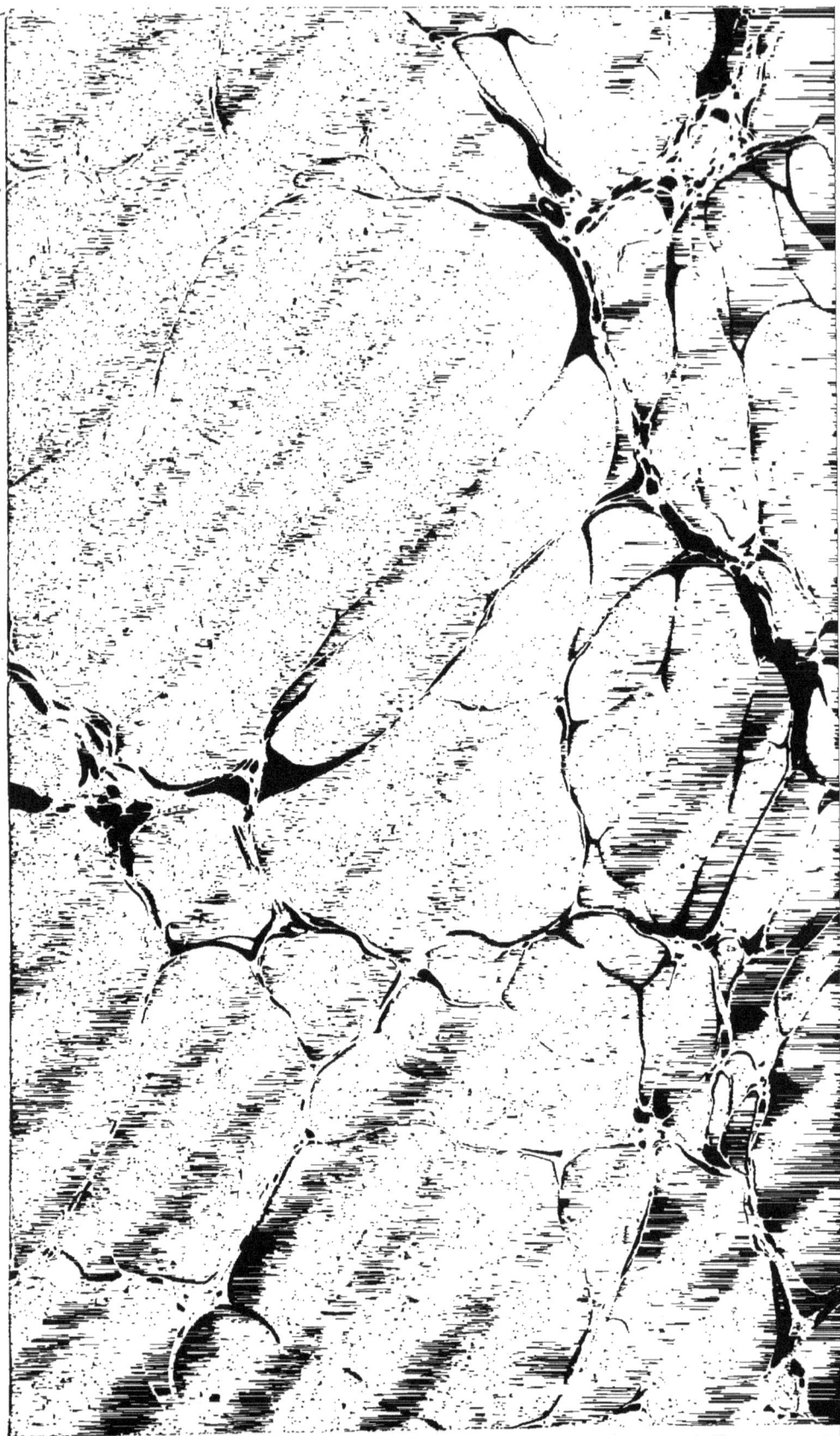

www.ingramcontent.com/pod-product-compliance
Lightning Source LLC
Chambersburg PA
CBHW072233270326
41930CB00010B/2109